Schaum's Foreign Language Series

COMERCIO
Y
MARKETING

LECTURAS Y VOCABULARIO

EN ESPAÑOL

Protase E. Woodford

Conrad J. Schmitt

McGraw-Hill, Inc.

New York   St. Louis   San Francisco   Auckland
Bogotá   Caracas   Lisbon   London   Madrid   Mexico   Milan
Montreal   New Delhi   Paris   San Juan   Singapore
Sydney   Tokyo   Toronto

Sponsoring Editors: John Aliano, Meg Tobin
Production Supervisor: Kathy Porzio
Editing Supervisor: Patty Andrews
Cover Design: Wanda Siedlecka
Text Design and Composition: Suzanne Shetler/Literary Graphics
Graphs: Andrew D. Salik
Printer and Binder: R.R. Donnelley and Sons Company

COMERCIO Y MARKETING

1 2 3 4 5 6 7 8 9 10 11 12 13 14 15 DOC DOC 9 8 7 6 5 4 3 2 1

ISBN 0-07-056807-3

Library of Congress Cataloging-in-Publication Data
Woodford, Protase E.
  Comercio y marketing = (Business and marketing) /
  Protase E. Woodford, Conrad J. Schmitt
      p.   cm.—(Schaum's foreign language series)
  Includes index.
  ISBN 0-07-056807-3
  1. Spanish language—Business Spanish.   2. Spanish language—
  Readers—Business.   3. Spanish language—Readers—Marketing.
  4. Spanish language—Textbooks for foreign speakers—English.
  I. Schmitt, Conrad J.   II. Title.   III. Title: Business and
  marketing.   IV. Series.
  PC4120.C6W66   1992
  468.2'421'02465—dc20   91-11273
                                                 CIP

ABOUT THE AUTHORS

Protase E. Woodford

Mr. Woodford was Director of the Foreign Languages Department, Test Development, Schools and Higher Education Programs Division, Educational Testing Service, Princeton, New Jersey. He has taught Spanish at all academic levels. He has also served as Department Chairman in New Jersey high schools and as a member of the College Board Spanish Test Committee, the Board of Directors of the Northeast Conference on the Teaching of Foreign Languages, and the Governor's Task Force on Foreign Languages and Bilingual Education (NJ). He has worked extensively with Latin American, Middle Eastern, and Asian ministries of education in the areas of tests and measurements and has served as a consultant to the United Nations and numerous state and federal government agencies. He was Distinguished Visiting Linguist at the United States Naval Academy in Annapolis (1987-88) and Visiting Professor at the Fundación José Ortega y Gasset in Gijón, Spain (l986). Mr. Woodford is the author of many high school and college foreign language textbooks, including the communicating titles in Schaum's Foreign Language Series. He has traveled extensively throughout Spain, Mexico, the Caribbean, Central America, South America, Europe, Asia, and the Middle East.

Conrad J. Schmitt

Mr. Schmitt was Editor-in-Chief of Foreign Language, ESL, and Bilingual Publishing with McGraw-Hill Book Company. Prior to joining McGraw-Hill, Mr. Schmitt taught languages at all levels of instruction from elementary school through college. He has taught Spanish at Montclair State College, Upper Montclair, New Jersey; French at Upsala College, East Orange, New Jersey; and Methods of Teaching a Foreign Language at the Graduate School of Education, Rutgers University, New Brunswick, New Jersey. He also served as Coordinator of Foreign Languages for the Hackensack, New Jersey, Public Schools. Mr. Schmitt is the author of many foreign language books at all levels of instruction, including the communicating titles in Schaum's Foreign Language Series. He has traveled extensively throughout Spain, Mexico, the Caribbean, Central America, and South America. He presently devotes his full time to writing, lecturing, and teaching.

≡ PREFACE

The purpose of this book is to provide the reader with the vocabulary needed to discuss the fields of Business and Marketing in Spanish. It is intended for the person who has a basic background in the Spanish language and who wishes to be able to converse in this language in his or her field of expertise. The book is divided into two parts—Part One, Business and Part Two, Marketing. The content of each chapter focuses on a major area or topic relative to each of these fields. The authors wish to stress that it is not the intent of the book to teach Business or Marketing. The intent of the book is to teach the lexicon or vocabulary needed to discuss the fields of Business and Marketing in Spanish. It is assumed that the reader has learned about these fields either through college study or work experience.

The specific field-related vocabulary presented in this book is not found in basic language textbooks. This book can be used as a text in a specialized Spanish course for Business and Marketing. The book can also be used by students studying a basic course in Spanish who want to supplement their knowledge of the language by enriching their vocabulary in their own field of interest or expertise. This adds a useful dimension to language learning. It makes the language a valuable tool in the modern world of international communications and commerce. Since the gender of nouns related to professions in the romance languages involves grammatical changes that are sometimes quite complicated, we have, for the sake of simplicity, used the generic **el** form of nouns dealing with professions.

Using the Book

If a student uses the book on his or her own in some form of individualized study or leisurely reading, the following procedures are recommended to obtain maximum benefit from the book.

Since the specific type of vocabulary used in this book is not introduced in regular texts, you will encounter many unfamiliar words. Do not be discouraged. Many of the words are cognates. A cognate is a word that looks and may mean the same in both Spanish and English but is, in most cases, pronounced differently. Examples of cognates are **la corporación** and **la compañía.** You should be able to guess their meaning without difficulty, which will simplify your task of acquiring a new lexicon.

Before reading the chapter, proceed to the exercises that follow the reading. First, read the list of cognates that appears in the chapter. This cognate list is the first exercise of each chapter. Then look at the cognate exercises to familiarize yourself with them.

Continue by looking at the matching lists of English words and their Spanish equivalents. These matching lists present words that are not cognates, that is, those words that have no resemblance to one another in the two languages. Look at the English list only. The first time you look at this exercise you will not be able to determine the Spanish equivalent. The purpose of looking at the English list is to make you aware of the specific type of vocabulary you will find in reading the chapter. After having looked at the English list, read the Spanish list; do not try to match the English-Spanish equivalents yet.

After you have reviewed the cognates and the lists of English words, read the chapter quickly. Guess the meanings of words through the context of the sentence. After having read the chapter once, you may wish to read it again quickly.

After you have read the chapter once or twice, attempt to do the exercises. Read the chapter once again, then complete those exercises you were not able to do on the first try. If you cannot complete an exercise, check the answer in the Answer Key in the Appendix. Remember that the exercises are in the book to help you learn and use the words; their purpose is not to test you.

After going over the exercises a second time, read the chapter again. It is not necessary for you to retain all the words; most likely, you will not be able to. However, you will encounter many of the same words again in subsequent chapters. By the time you have finished the book, you will retain and be familiar with enough words to enable you to discuss the fields of Business and Marketing in Spanish with a moderate degree of ease.

If there is a reason for you to become expert in carrying on business or marketing discussions in Spanish, it is recommended that you reread the book frequently. It is more advantageous to read and expose yourself to the same material often. Do not attempt to study a particular chapter arduously until you have mastered it. In language acquisition, constant reinforcement is more beneficial than tedious, short-term scrutiny.

In addition to the vocabulary exercises, there is a series of comprehension exercises in each chapter. These comprehension exercises will provide you with an opportunity on your own to discuss business and marketing matters and will enable you to use the new vocabulary you just learned.

If you are interested in fields other than Business and Marketing, you will find, on the back cover of this book, a complete list of the titles and the fields available to you.

≡ CONTENTS _____

Primera parte
COMERCIO

Capítulo 1
INTRODUCCION AL COMERCIO

El propósito del comercio es el de producir y vender con beneficio los bienes y servicios. El lugar donde se encuentran los vendedores y los compradores se llama «mercado». El comercio puede efectuarse dentro de un país, el comercio interior, o fuera de ese país, el comercio exterior. El comercio puede ser por medio de grandes cantidades de producto, el comercio al por mayor, por cantidades medianas o por pequeñas cantidades, el comercio al por menor o al detal.

Al principio el comercio se fundaba en el trueque, o sea, el intercambio de mercancías de igual valor. La determinación de valores iguales de mercancías diferentes para efectos de cambio era una tarea sumamente compleja. Es así que se originó la idea de crear una moneda de cambio. El vendedor determina el precio que quiere por sus mercancías y el comprador le da esa cantidad de dinero.

Dinero

Una definición de dinero es «cualquier medio de pago que se acepta generalmente y que puede intercambiarse por bienes y servicios y que puede satisfacer deudas». El dinero, de por sí[1], muchas veces no tiene ningún valor, sino que representa valor. La gente tiene que estar de acuerdo con que algo es dinero. Si se aceptan las conchas[2] o ciertas piedras, entonces éstas son dinero. El dinero goza de ciertas funciones y características. Es un medio de intercambio; se usa para comprar bienes y servicios. Es una medida de valor; se usa para comparar el valor de distintos bienes. Un carro vale $10.000, otro vale $12.000. El dinero es un repositorio de valor, se puede acumular y guardar.

El dinero debe ser aceptado. En un sistema económico todos los participantes tienen que estar de acuerdo con que el dinero tiene valor y se puede usar para satisfacer las deudas. El dinero debe ser divisible. Las diferentes unidades, por grandes o pequeñas que sean, mantienen su valor. El dinero debe ser movible. El dinero-papel se deja llevar en grandes cantidades de un lugar a otro. El dinero debe tener un valor más o menos estable. Uno debe poder comprar el mismo bien con más o menos el mismo dinero durante un período razonable de tiempo.

---

[1] *in itself* [2] *shells*

El dinero que se acaba de describir es el dinero de curso legal, el dinero que el gobierno declara aceptable como medio de cambio y para cancelar las deudas. Pero también hay otros tipos de dinero. El dinero-mercancía se usa como medio de cambio y también se compra y se vende como cualquier otro bien. El oro y la plata son ejemplos de dinero-mercancía. El dinero-signo es el medio de pago cuyo valor como dinero es superior al costo de producción y el valor que podría tener con otro uso. El dinero-papel es un ejemplo. El dinero-pagaré es un medio de cambio que se usa en la deuda personal o comercial. Los cheques de viajero son un ejemplo de dinero-pagaré.

Aunque pensamos en dinero en su forma de monedas y billetes, el dinero en efectivo se emplea en transacciones económicas de poco valor. Las transacciones que se efectúan por cheque representan más del 80% del valor total de todas las transacciones. El número de transacciones con efectivo es mayor, pero su valor es inferior.

ESTUDIO DE PALABRAS

Ejercicio 1   Study the following cognates that appear in this chapter.

la idea	complejo	originar
la definición	económico	crear
la función	divisible	aceptar
la característica	movible	representar
la determinación	estable	acumular
el sistema	razonable	mantener
el participante	personal	describir
la unidad	comercial	cancelar
el período	interior	determinar
el tipo	exterior	
el cheque	inferior	
la transacción	igual	
el número		

Ejercicio 2   Complete each statement with the appropriate word(s).
1. Se puede dividir. Es _____ .
2. Se puede transportar o mover. Es _____ .
3. El va a participar. Quiere ser _____ .
4. No cambia (fluctúa) mucho. Es bastante _____ .
5. Es muy difícil. Es _____ .

Ejercicio 3   Match the word in Column A with its definition in Column B.

A	B
1. estable	a. el mismo
2. complejo	b. conveniente, bastante, sin exceso
3. igual	c. la cantidad

4. razonable
5. la función
6. acumular
7. determinar
8. interior
9. una transacción
10. crear
11. el número
12. cancelar

d. indicar, precisar
e. una operación comercial o financiera
f. fijo
g. producir algo nuevo
h. muy difícil
i. anular
j. el uso, el empleo
k. lo contrario de «exterior»
l. unir, amontonar, amasar

Ejercicio 4   Match the English word or expression in Column A with its Spanish equivalent in Column B.

A	B
1. business, trade	a. al por mayor
2. seller	b. la mercancía
3. buyer	c. el comercio
4. profit	d. efectuarse
5. market	e. el comprador
6. wholesale	f. al detal
7. retail	g. el pago
8. purpose	h. el vendedor
9. to carry out, bring about	i. satisfacer
10. payment	j. el beneficio
11. merchandise	k. el mercado
12. to satisfy	l. el propósito

Ejercicio 5   Give the word being defined.
1. el que vende una mercancía
2. el que compra una mercancía, el consumidor
3. la diferencia entre el precio y el costo
4. el objetivo, la meta
5. la venta de grandes cantidades de una mercancía
6. la venta de pequeñas cantidades de una mercancía; la venta por unidades
7. todo lo que se relaciona con el vendedor y el comprador
8. la acción de pagar

Ejercicio 6   Select the appropriate word(s) to complete each statement.
1. El _____ del comercio es el de producir y vender productos (bienes) y servicios.
   a. beneficio   b. mercado   c. propósito
2. El comercio debe producir y vender bienes y servicios con _____.
   a. unidades   b. beneficio   c. pago
3. Es el comercio _____ el que vende en pequeñas cantidades.
   a. al por mayor   b. al detal   c. divisible

4. El público al cual la empresa (compañía) quiere vender su producto es el

_____.
   a. propósito   b. comercio   c. mercado

5. El restaurante es un comercio de _____.
   a. servicios   b. productos   c. mercancías

6. El comercio exterior _____ fuera del país, no dentro del país.
   a. vende   b. determina   c. se efectúa

7. La compañía quiere _____ a sus clientes.
   a. aceptar   b. satisfacer   c. describir

Ejercicio 7 Match the English word or expression in Column A with its Spanish equivalent in Column B.

A	B
1. trade, barter	a. el precio
2. money	b. la plata
3. value	c. el trueque
4. paper money	d. el (dinero en) efectivo
5. price	e. bienes y servicios
6. coin, currency	f. la moneda
7. banknote, bill	g. el dinero
8. cash	h. el dinero de curso legal
9. means of exchange	i. el dinero-papel
10. value yardstick, measurement	j. el billete
11. goods and services	k. el oro
12. debt	l. el valor
13. gold	m. el pagaré
14. silver	n. el medio de cambio
15. legal tender	o. la medida de valor
16. note (such as a promissory note)	p. la deuda

Ejercicio 8 Select the appropriate word(s) to complete each statement.

1. El cambio de mercancías de valor igual es el _____.
   a. comercio   b. trueque   c. mercado

2. El valor de un producto es a menudo su _____.
   a. precio   b. propósito   c. medida

3. En los Estados Unidos hay _____ de 25 centavos.
   a. un billete   b. una unidad   c. una moneda

4. Hay _____ de 10 dólares.
   a. un billete   b. una unidad   c. una moneda

5. Un billete (de banco) es _____.
   a. dinero-papel   b. una unidad   c. un valor

6. Los billetes y las monedas son _____.
   a. dinero-papel   b. dinero en efectivo   c. bienes

7. El dinero-papel, o sea, el dinero que el gobierno declara aceptable es
_____.
  a. la moneda   b. el dinero de curso legal   c. el oro

8. El _____ es un ejemplo de dinero-mercancía.
  a. oro   b. dinero-papel   c. billete

Ejercicio 9   Give the word or expression being defined.
1. la cantidad de dinero que hay que pagar por algo
2. los productos
3. los billetes (bancarios, de banco) y las monedas
4. lo que vale algo
5. el cambio de mercancías de valor igual sin el uso de dinero
6. el dinero que uno le debe a otro
7. un documento que indica o registra una deuda

COMPRENSION

Ejercicio 1   Answer.
1. ¿Cuál es el propósito del comercio?
2. ¿Cuál es la diferencia entre el comercio al por mayor y el comercio al detal?
3. ¿En qué se fundaba el comercio?
4. ¿Qué es el dinero?
5. ¿Por qué es el dinero un medio de cambio?
6. ¿Cómo es divisible el dinero?
7. ¿Por qué debe el dinero tener un valor más o menos estable?
8. La mayoría de las acciones económicas o financieras, ¿se efectúan en efectivo o con cheque?
9. ¿De qué tipo son la mayoría de las transacciones?
10. ¿Y cuáles tienen mayor valor?

Ejercicio 2   True or false?
1. El comprador determina el precio al que se venderá un producto.
2. El dinero en sí tiene mucho valor.
3. La verdad es que el dinero-papel en sí no tiene ningún valor. Es que representa un valor.
4. Se puede emplear el dinero para comparar el valor de distintos bienes.
5. Si el valor del dinero permanece bastante estable, los precios no cambiarán nunca.
6. Si el valor del dinero se queda bastante estable, los precios no cambiarán radicalmente durante un período razonable de tiempo.
7. Cuando el comprador le paga una cantidad (un monto) de dinero al vendedor, se efectúa una transacción comercial.

8. Se emplea casi siempre el efectivo para transacciones de mucho (gran) valor.
9. El número de transacciones en efectivo es mayor que las efectuadas por cheque.

Ejercicio 3   Identify the following terms.
1. el propósito (el objetivo, la meta) del comercio
2. el mercado
3. el comercio interior
4. el efectivo

Ejercicio 4   Follow the directions.
Explique cinco funciones del dinero.

Capítulo 2
SISTEMAS ECONOMICOS

Este siglo es el siglo de los «-ismos». Los -ismos, en general, se refieren a sistemas económicos y, por extensión, a los sistemas políticos que se desarrollan[1] en su torno. El capitalismo, el socialismo, el comunismo y hasta el fascismo son sistemas que se basan en una ideología económica. Si pensamos en las economías de un extremo a otro, vemos al capitalismo puro, de puro libre mercado o *laissez faire* (expresión francesa que significa «dejar hacer») a un lado, y al otro extremo la economía autoritaria, totalmente controlada, cuyo mejor ejemplo sería alguna versión de puro comunismo. Apenas existe una economía «pura» de un extremo u otro. Casi todas las economías son mixtas, el capitalismo con algunos controles gubernamentales, por ejemplo, y el comunismo con algunos pequeños negocios privados. La economía de Hong Kong es un ejemplo de una economía *laissez faire* aunque tampoco totalmente pura. La economía de la China en la época de Mao Zedong se acercaba al extremo de una economía controlada o autoritaria.

Las sociedades y los gobiernos de los países industrializados tratan de resolver «la cuestión económica» de varias maneras. La clave[2] para diferenciar las economías son las respuestas a estas dos preguntas. ¿En manos de quién están los medios de producción? ¿Cómo se dirige y se coordina la actividad económica?

Economía de libre mercado

En el sistema de libre mercado o capitalismo, los recursos de producción están en manos privadas. La actividad económica se controla por medio de un sistema de precios y mercados. La toma de decisiones está en manos de una gran variedad de individuos y organizaciones. Las decisiones se basan en los propios intereses de los individuos y organizaciones, en lo que les beneficia a ellos. Cada uno quiere obtener el máximo posible de renta o ingreso. Los mercados proveen el mecanismo mediante[3] el cual las preferencias y las decisiones se coordinan y se comunican. La competencia en la producción de bienes y servicios resulta en un gran número de vendedores y compradores para cada producto. Estos vendedores y compradores funcionan independientemente. En teoría, el sistema de libre

---

[1]*develop*   [2]*key*   [3]*by means of*

mercado resulta en la eficiencia, la estabilidad laboral y el crecimiento[4] económico. El papel del gobierno en este sistema es el de proteger la propiedad privada y facilitar el funcionamiento del libre mercado. Es más. Se considera que la intervención del Estado en la economía interfiere con la eficiencia con que funciona el libre mercado.

Economía autoritaria

En una economía autoritaria o controlada, el papel del gobierno es primordial (muy importante). Apenas existe la propiedad privada. Los recursos productivos pertenecen al pueblo, al Estado. La toma de decisiones y la planificación económica están centralizadas. En cada industria una junta directiva[5] determina lo que se produce, cuanto se produce, los recursos que se emplean y como se distribuye el bien final. En la planificación se especifican las metas de producción, las cantidades de varios recursos que se van a usar y la mano de obra que se necesita. El gobierno determina la ocupación de cada trabajador y donde va a trabajar. El gobierno decide si se van a producir tractores, automóviles o tanques. Como ya sabemos, no existe ninguna economía totalmente autoritaria, aunque sí hay países donde el Estado ejerce un control dominante sobre la economía hasta el punto de determinar para sus ciudadanos[6] dónde van a vivir, en qué van a trabajar, qué es lo que van a comer y la ropa que van a llevar.

Economía mixta

Si no existe ni una economía de libre mercado, ni una economía totalmente autoritaria, ¿cómo se puede describir las economías actuales? Son mixtas, todas. En una economía mixta, tanto el sector privado como el Estado tienen un papel en la toma de decisiones económicas. Una economía mixta puede aproximarse al modelo autoritario o al modelo de libre mercado, o caer en cualquier punto entre los dos extremos. En Hong Kong, por ejemplo, el gobierno casi no interviene en la economía. No obstante, impone impuestos y emplea los fondos para proveer educación y otros servicios sociales. En la Unión Soviética la economía está alejándose más y más del modelo autoritario, y está incorporando elementos de libre mercado. En los EE.UU. el Estado provee gran número de servicios al público, incluso el Seguro Social. En una economía de libre mercado puro, el Estado no proveería ninguno de esos servicios. Las economías de los países comunistas, por lo general, tienden a ser más autoritarias, pero con mucha variación entre ellos. En los países socialistas escandinavos—Suecia, Dinamarca, Noruega, Finlandia—tradicionalmente, la gente depende del Estado para muchos servicios sociales y paga impuestos muy altos. Un poco más cerca del modelo de libre mercado están Singapúr, el Japón y los EE.UU.

---

[4]*growth*   [5]*Board of Directors*   [6]*citizens*

ESTUDIO DE PALABRAS

Ejercicio 1   Study the following cognates that appear in this chapter.

el sistema político	la protección	existir
el capitalismo	el interés	resolver
el socialismo	la intervención	diferenciar
el comunismo	la planificación	coordinar
el fascismo	la industria	basarse
la ideología	la ocupación	beneficiar
el extremo	el sector	obtener
la cuestión	los fondos	facilitar
el máximo		interferir
el mecanismo	puro	especificar
la preferencia	autoritario	ejercer
la competencia	mixto	aproximarse
la teoría	gubernamental	intervenir
la eficiencia	industrializado	
la estabilidad	centralizado	
el funcionamiento		

Ejercicio 2   Match the verb in Column A with its noun form in Column B.

A	B
1. existir	a. la competencia
2. resolver	b. la intervención
3. competir	c. el ejercicio
4. basarse	d. la resolución
5. intervenir	e. la preferencia
6. beneficiar	f. el beneficio
7. coordinar	g. la existencia
8. funcionar	h. la coordinación
9. preferir	i. la base
10. ejercer	j. el funcionamiento
11. proteger	k. la protección

Ejercicio 3   Tell whether each word or expression relates more to **el comunismo** or **el capitalismo**.
1. autoritario
2. economía de libre mercado
3. propiedad privada
4. centralizado
5. intervención gubernamental
6. competencia
7. planificación gubernamental
8. sector privado

Ejercicio 4 Select the appropriate word(s) to complete each statement.
1. El comunismo es _____.
   a. una ideología   b. un mecanismo   c. una industria
2. En un sistema económico autoritario el gobierno _____ mucho.
   a. beneficia   b. resuelve   c. interviene
3. El capitalismo puro considera la intervención gubernamental en la economía _____.
   a. un mecanismo útil   b. una interferencia innecesaria
   c. un funcionamiento eficaz
4. La falta de inflación, de tasas de interés *(interest rates)* muy altas y de desempleo indica un período económico de _____.
   a. planificación   b. estabilidad   c. competencia
5. El comunismo _____ más al socialismo que al capitalismo.
   a. se aproxima   b. facilita   c. coordina

Ejercicio 5 Give the word being defined.
1. lo que hace una persona, la profesión u oficio que ejerce
2. del gobierno
3. el capital, el dinero
4. que tiene mucha industria
5. no mixto
6. la parte de la población, el área
7. la pregunta
8. la explicación de un fenómeno, una opinión

Ejercicio 6 Match the word in Column A with its definition in Column B.

A	B
1. el comprador	a. el que vende
2. los ingresos, las rentas	b. el que compra
3. la meta	c. el dinero o los fondos que uno recibe
4. los impuestos	d. el objetivo, el propósito
5. el papel	e. el rol
6. el vendedor	f. el dinero que se paga al gobierno
7. la competencia	g. la rivalidad entre dos o más personas, productos, empresas, etc.

Ejercicio 7 Select the appropriate word(s) to complete each statement.
1. En los Estados Unidos el individuo tiene que pagar _____ al gobierno.
   a. intereses   b. impuestos   c. fondos
2. El capitalismo se basa en un sistema económico _____.
   a. autoritario   b. de proteccionismo   c. de libre mercado
3. En un sistema económico de libre mercado, hay más _____ que en un sistema comunista.
   a. competencia   b. planificación   c. intervención gubernamental

4. No hay una sola política económica. Hay _____.
   a. muchas planificaciones   b. muchos mecanismos   c. muchas teorías
5. En un sistema de libre mercado abundan _____.
   a. los mecanismos centralizados   b. los negocios privados
   c. las ideologías
6. En muchas compañías la toma de decisiones está en manos _____.
   a. de la junta directiva   b. del crecimiento económico
   c. del Seguro Social

COMPRENSION

Ejercicio 1   True or false?
1. Bajo el comunismo el gobierno tiene un papel importante en la planificación económica.
2. La mayoría de los sistemas económicos son autoritarios.
3. Pero en los Estados Unidos existe el capitalismo puro.
4. En el sistema capitalista, los medios de producción están en manos del sector privado.
5. En una economía autoritaria, la propiedad privada tiene un papel primordial.
6. La mayoría de los sistemas no son ni completamente autoritarios ni de puro libre mercado. Son mixtos.
7. En un sistema autoritario, el gobierno determina las metas de producción, los recursos que se van a usar y la mano de obra que se necesita.

Ejercicio 2   Answer.
1. ¿A qué se refieren los «-ismos»?
2. Explique en qué sentido casi todas las economías son mixtas.
3. ¿Cuáles son dos preguntas primordiales para diferenciar un sistema económico de otro?
4. ¿Por qué es importante la competencia en un sistema de libre mercado?
5. ¿Por qué no existe (o casi no existe) la competencia en un sistema autoritario?

Ejercicio 3   Make a list of five characteristics of **una economía autoritaria** and **una economía de libre mercado.**

Capítulo 3
EMPRESAS COMERCIALES

En los EE.UU. cuando se piensa en una empresa comercial, viene a la mente un gigante como la IBM, la Boeing o General Motors. Las tres pertenecen a un tipo de empresa comercial, la corporación o sociedad anónima. Hay tres categorías de empresa comercial: empresas de propiedad individual, sociedades colectivas y sociedades anónimas. Las empresas de propiedad individual son las más numerosas; hay más de 12 millones en los EE.UU. En 1987 había un millón y medio de sociedades colectivas y casi tres millones de sociedades anónimas. El número de empresas no correspondía a sus ventas. El promedio[1] de ventas en dólares para cada empresa de propiedad individual era de $42.000. Para cada sociedad colectiva era de $166.000. Y para cada sociedad anónima era de $2.104.000.

Empresas de propiedad individual

Una empresa de propiedad individual pertenece a un individuo, a una sola persona. Esa persona tiene derecho a recibir todos los beneficios que crea el negocio. También tiene la responsabilidad por cualquier pérdida. Hasta podría tener que pagar sus deudas comerciales con su casa y sus bienes personales. Se dice que tiene responsabilidad ilimitada.

Sociedades colectivas /Asociaciones

Las sociedades colectivas se forman con dos o más socios que participan juntos en los beneficios. Cada uno de los socios es responsable por cualquier pérdida. Los socios tienen responsabilidad ilimitada, igual que el dueño de una empresa de propiedad individual. Las sociedades colectivas más típicas son los bufetes de abogados[2] y las empresas de auditoría[3].

Sociedades anónimas /Corporaciones

La sociedad anónima se caracteriza por su habilidad de recaudar[4] fondos con la venta de acciones y la emisión de bonos o títulos. Una acción es una unidad de propiedad en la empresa. Le permite al poseedor compartir en las ganancias de la empresa. Un bono o título es un préstamo que se le hace a la empresa. La empresa se obliga a pagar intereses durante determinado período de tiempo, y después de vencer el tiempo, pagar el valor del bono o título. Según la ley, la sociedad

---

[1]*average*   [2]*law offices*   [3]*accounting firms*   [4]*to collect*

anónima es una persona jurídica. En caso de pérdidas o de quiebra, los dueños, como individuos, personalmente, sólo pueden perder lo que han invertido en la empresa. Tienen responsabilidad limitada.

Control de la corporación El control de una sociedad anónima está en manos de la mayoría de las acciones comunes (ordinarias) votantes. Porque los accionistas en una empresa corren algún riesgo, esperan recibir una ganancia. Las ganancias son de dos tipos: los dividendos, que son una porción de las ganancias de la empresa que tienen que ser aprobados por voto de los directores y las ganancias de capital, que ocurren cuando un accionista vende sus acciones por más dinero de lo que pagó inicialmente. Los dividendos se pagan, por lo general, trimestralmente, que es cada tres meses. El valor de una acción sube o baja según el estado de la empresa y lo que la gente cree que va a ocurrir con la empresa en el futuro.

ESTUDIO DE PALABRAS

Ejercicio 1 Study the following cognates that appear in this chapter.

el gigante	el control	corresponder
el tipo	el dividendo	formarse
la corporación	la porción	participar
la categoría	el voto	caracterizarse
el individuo	una persona jurídica	obligarse
el capital		
la deuda	numeroso	
la habilidad	ilimitado	
los fondos	limitado	
el poseedor	futuro	
el interés	inicialmente	

Ejercicio 2 Give the word being defined.
1. algo muy grande, enorme
2. una persona sola
3. los recursos monetarios, el dinero
4. la parte
5. el contrario de «el pasado»
6. tomar parte
7. el dinero que se le debe a alguien
8. mucho, una cantidad grande
9. sin límite
10. el que tiene o posee algo; el titular, el portador
11. al principio
12. la clase, la clasificación

Ejercicio 3   Match the verb in Column A with its noun form in Column B

A	B
1. obligar	a. el voto, el votante
2. poseer	b. la obligación
3. votar	c. la característica
4. participar	d. la posesión, el poseedor
5. caracterizar	e. la participación, el participante

Ejercicio 4   Select the appropriate definition.

1. invertir
   a. pagar   b. vestirse   c. poner dinero, fondos, capital en una empresa
2. limitar
   a. fijar límites, restringir   b. dar un porcentaje   c. proporcionar
3. la habilidad
   a. el hábito   b. el habitante   c. la capacidad
4. el tipo
   a. el género   b. el límite   c. la porción
5. el futuro
   a. el pasado   b. el presente   c. el porvenir

Ejercicio 5   Match the English word or expression in Column A with its Spanish equivalent in Column B.

A	B
1. business enterprise	a. el beneficio, las ganancias
2. private ownership	b. la asociación
3. partnership	c. el negocio
4. partner	d. la empresa comercial
5. corporation	e. la deuda
6. business	f. la propiedad individual
7. sale	g. la venta
8. profit	h. la pérdida
9. loss	i. el socio
10. debt	j. la sociedad anónima
11. quarter(ly)	k. vencer
12. to come due	l. el trimestre, trimestralmente

Ejercicio 6   Match the word or expression in Column A with its definition in Column B.

A	B
1. el beneficio	a. las pérdidas
2. el dinero que se debe	b. las ganancias
3. la corporación	c. la venta
4. que tiene un solo propietario	d. la sociedad anónima
5. el contrario de «las ganancias»	e. la propiedad individual
6. un período de tres meses	f. la deuda
7. la acción de vender	g. el trimestre

Ejercicio 7   Select the appropriate word(s) to complete each statement.

1. _____ tiene dos o más socios.
   a. Una sociedad anónima   b. Una asociación o una sociedad colectiva
   c. Un negocio individual
2. Las facturas o el dinero que la empresa tiene que pagar son _____.
   a. pérdidas   b. ventas   c. deudas
3. Para realizar un beneficio, la empresa no puede tener (incurrir)

   _____.
   a. muchas pérdidas   b. muchas ventas   c. muchos propietarios
4. Una asociación tiene varios _____.
   a. socios   b. propietarios individuales   c. negocios
5. Otra palabra que significa «beneficio» es _____.
   a. pérdida   b. venta   c. ganancia
6. La cantidad de productos o bienes que la empresa vende son _____.
   a. los ingresos   b. las ventas   c. las colecciones

Ejercicio 8   Match the English word or expression in Column A with its Spanish equivalent in Column B.

A	B
1. right	a. las ganancias de capital
2. law	b. la ley
3. shareholder	c. el valor
4. issuance	d. el dividendo
5. bond	e. subir
6. interest	f. la emisión
7. share of stock	g. compartir
8. dividend	h. el bono, el título
9. value	i. bajar
10. capital gains	j. la acción
11. bankruptcy	k. el préstamo
12. to increase, go up	l. el derecho
13. to decrease, go down	m. el interés
14. to share	n. el accionista
15. loan	o. la quiebra

Ejercicio 9   Complete each statement with the appropriate word(s).

1. Los accionistas tienen el _____ de votar por los directores de la junta directiva de la empresa.
2. Los accionistas reciben _____ de la empresa, por lo general trimestralmente.
3. Cada _____ que tiene (posee) el accionista es una unidad de propiedad en la empresa que la ha emitido.
4. El _____ o el _____ es un préstamo hecho a la empresa.
5. La empresa se ve obligada a pagar _____ sobre los títulos por un período determinado de tiempo.

6. Si el valor de las acciones _____ , el accionista realizará ganancias de capital al venderlas.
7. Pero el accionista siempre corre el _____ de perder dinero si el valor de las acciones _____ .
8. Si la empresa pierde todo, hay que declararse en _____ .
9. Los títulos pagan _____ y las acciones pagan _____ .

COMPRENSION _____

Ejercicio 1   Answer.
1. ¿Cuáles son las tres categorías de empresas?
2. ¿Cuáles son más numerosas?
3. ¿Cuáles reciben la mayoría de las rentas o los ingresos?
4. ¿Tiene el dueño de una propiedad individual el derecho a todos los beneficios de la empresa?
5. ¿Cómo y por qué podría él perder su casa y todos sus bienes personales?
6. ¿Tienen los socios de una asociación o de una empresa colectiva responsabilidad limitada o ilimitada?
7. ¿Cómo puede una sociedad anónima recaudar fondos?
8. En caso de una quiebra, ¿qué pueden perder los propietarios de una sociedad anónima?
9. ¿Quiénes son los propietarios de una sociedad anónima?
10. ¿Qué influye en el valor de una acción?

Ejercicio 2   Tell what is being described.
1. una empresa que tiene un solo dueño
2. una empresa que pertenece a dos o más socios
3. una empresa que vende acciones y emite títulos para recaudar fondos

Ejercicio 3   Explain the following.
1. una responsabilidad ilimitada
2. una responsabilidad limitada
3. una acción
4. un título, un bono, una obligación
5. el riesgo que corre el accionista
6. los dividendos
7. la sociedad anónima

Capítulo 4
RESPONSABILIDADES SOCIALES Y MORALES DE LA EMPRESA

Toda empresa comercial es un sistema compuesto de varios grupos de interesados: los propietarios, los directores, los empleados, los consumidores y la sociedad en general. Si alguna empresa ofende o va en contra de los intereses de uno o más de los grupos de interesados con frecuencia, se verá en peligro; si los propietarios están descontentos, venderán la empresa e invertirán su capital en otra parte; los directores o empleados buscarán otro empleo y los consumidores comprarán otro producto. En cuanto al público en general, ellos declararán la guerra contra los abusos de la empresa, y los votantes pedirán legislación para limitar el poder de las empresas. En la mayoría de las corporaciones, los directores tienen que enfrentarse a muchos dilemas cuando se trata de realizar beneficios o ganancias sin por eso comprometer[1] la calidad de sus productos.

A principios de siglo, los hombres de negocio no se preocupaban demasiado por los principios ni la moral. Su única responsabilidad era de realizar beneficios costara lo que costara. El magnate norteamericano de ferrocarriles William Vanderbilt lo dijo claramente: «¡Al diablo con el público![2] Yo trabajo por los accionistas». Los industriales o jefes de empresa eran poderosos y frecuentemente faltos[3] de escrúpulos. Había explotación de trabajadores, pero también de consumidores que no tenían ningún recurso si la mercancía que habían comprado era defectuosa. Hoy día, la responsabilidad de la empresa existe en varias áreas.

Consumidores

Ha habido en los EE.UU. tres grandes movimientos pro consumidor. A principios de siglo, el libro de Upton Sinclair *La Jungla* (1906) sacó a la luz varios escándalos en la producción de productos alimenticios[4]. El describía, entre otras cosas, como el consumidor «puede devorar con su carne de cecina[5] algunos fragmentos de trabajador caído en la mezcladora[6] de la fábrica de conservas[7]». Su libro ejerció gran influencia y abrió paso a la primera importante legislación reglamentaria. El segundo movimiento tuvo lugar durante y después de la crisis económica de 1929. El tercero, durante los años 60, se debe en parte a los

---

[1]*compromise* [2]*The hell with the public!* [3]*lacking, without* [4]*food* [5]*corned beef* [6]*mixer* [7]*cannery*

esfuerzos de Ralph Nader, a la inflación de precios y a un discurso del Presidente John F. Kennedy al Congreso en 1962 en el que se reconocen cuatro derechos del consumidor: el derecho de seguridad, el derecho de informarse, el derecho de selección y el derecho de reclamo. En aquel momento nació el consumerismo.

Trabajadores

Durante los últimos 20 años ha habido un verdadero revuelo en la composición de la mano de obra. Los cambios han ocurrido tanto en las prácticas de reclutamiento como de remuneración y ascenso o promoción. En todos los países el problema de la discriminación es más y más agudo. En los EE.UU. se trata sobre todo de los afroamericanos, de los hispanos, de los minusválidos, de los envejecientes y de las mujeres. La discriminación en el trabajo es, en particular, un círculo vicioso. Los miembros de grupos minoritarios étnicos u otros tienen dificultad en encontrar trabajo. Al mismo tiempo, ellos no tienen los títulos académicos necesarios para obtener un empleo que les permita mejorar sus conocimientos profesionales.

La gran controversia que comenzó durante los años 60 y que aún continúa es la de la «Acción Afirmativa», una política de integración que tiene como meta compensar la discriminación de la que fueron víctimas los diferentes grupos minoritarios. En cierta manera, son las mujeres que se han aprovechado de esta política. Durante años recientes las mujeres han obtenido dos terceras partes (2/3) de los puestos nuevos. Por otra parte, hasta 1980, el salario de las mujeres era de sólo el 60% del de los hombres. Hoy está al 70%. Con más frecuencia se ven a mujeres en puestos administrativos. Hoy día ocupan un 35% de estos puestos, el doble de lo que era en 1972.

Hay, no obstante, todavía algunos problemas difíciles de resolver: la equivalencia de empleos tradicionalmente «femeninos» y «masculinos» y el problema del acoso sexual, esencialmente un problema que afecta a las mujeres y a muchas, del 20% al 30%. Recientemente se ha dedicado más atención a las personas minusválidas. Cada vez más, las empresas se están dando cuenta de que hay pocos empleos que les son imposibles y que la calidad de su trabajo es, en general, superior al promedio.

El medio ambiente

La contaminación de todos tipos es la plaga de nuestros tiempos. Hace algunos años que el buque petrolero[8] *Exxon Valdez* derramó millones de litros de petróleo sobre las costas de Alaska. El medio ambiente y la economía local, la pesca[9] en particular, fueron gravemente afectados. La contaminación está por todas partes. Está en el aire. El aire que respiramos está contaminado, mayormente por las emisiones de gases que salen cuando las fábricas queman ciertas sustancias químicas o naturales. Es la responsabilidad de las corporaciones evitar que se suelten al aire sustancias tóxicas. La contaminación está en el agua. No es un problema solamente para Norteamérica. En muchos países es aún peor que en los

---

[8]*tanker*   [9]*fishing*

EE.UU. En los EE.UU. el 11% de los ríos y el 30% de los lagos están contaminados. En las zonas industriales, la situación es catastrófica. Los desechos industriales que las fábricas echan en las aguas cercanas son casi imposibles de eliminar. A estos se añaden los desechos que son enterrados y que son transportados por las corrientes de agua subterráneas, o que simplemente vuelven a la superficie. Hay contaminación también en la tierra. Siempre volvemos al mismo problema, de los desechos y la manera de deshacerse de ellos. En los EE.UU. hay 20.000 sitios que, según declaración del gobierno, están «contaminados». Casi la mitad de la población vive cerca de uno de esos lugares.

El problema de la contaminación ha dado lugar al movimiento ecologista. El término «ecología», el equilibrio entre los seres vivientes y la naturaleza, ha llegado a ser sinónimo de supervivencia para muchos seres humanos. Hoy en los EE.UU. existen muchas leyes que aseguran la protección del medio ambiente, pero no son siempre respetadas. Las empresas tienen muchas responsabilidades morales y sociales. Generalmente, las empresas las aceptan en principio, pero no siempre ocurre lo mismo en la práctica.

ESTUDIO DE PALABRAS

Ejercicio 1 Study the following cognates that appear in this chapter.

la responsabilidad	la influencia	social
el sistema	la crisis	moral
el grupo	el esfuerzo	en contra
el propietario	la inflación	pro
el director	el congreso	eficaz
el consumidor	el consumerismo	minoritario
la sociedad	la promoción	afectado
el interés	la discriminación	químico
el capital	el círculo	tóxico
el público	la controversia	industrial
el abuso	la acción	catastrófico
el votante	la integración	defectuoso
la legislación	la víctima	étnico
la corporación	el salario	afirmativo
el dilema	la plaga	reciente
la calidad	el aire	con frecuencia
el magnate	la emisión	administrativo
el industrial	el gas	
la explotación	la sustancia	ofender
el área	la zona	declarar
el recurso	la superficie	limitar
el movimiento	la ecología	devorar
el escrúpulo	el equilibrio	compensar
la producción	la práctica	resolver
el fragmento		

Ejercicio 2   Give the word or expression being defined.
1. persona que posee (es dueño) de la empresa
2. persona que dirige la empresa, el jefe, el líder, el presidente
3. persona que emplea o consume un producto
4. el problema
5. persona importante en la industria o en las finanzas
6. un hecho inmoral, repugnante
7. comer muy rápido
8. una mercancía nueva que está dañada y que no funciona
9. la exclusión por motivo de segregación
10. el conjunto de dinero y bienes que tiene un individuo o una empresa
11. el contrario de «pro»
12. decir

Ejercicio 3   Match the word in Column A with its definition in Column B.

A	B
1. gubernamental	a. la región
2. la práctica	b. la acción, el contrario de «la teoría»
3. la inflación	c. honesto, justo
4. la explotación	d. dejar, no prohibir
5. moral	e. del gobierno
6. el salario	f. de una minoría
7. permitir	g. el dinero que uno recibe por su
8. la controversia	trabajo
9. la zona	h. el aumento (alza) en los precios
10. minoritario	i. el conflicto, el desacuerdo
11. la corporación	j. el abuso
12. reciente	k. de no hace mucho tiempo
	l. la empresa

Ejercicio 4   Complete each expression with the appropriate word(s).
1. defective merchandise   la mercancía _____
2. ecological movement   el movimiento _____
3. industrial area   la región (el área, la zona) _____
4. gas emissions   las emisiones de _____
5. toxic wastes   los desechos _____
6. polluted air   _____ contaminado
7. minority group   el grupo _____
8. Affirmative Action   la Acción _____
9. economic crisis   la crisis _____
10. personal effort   el esfuerzo _____

Ejercicio 5   Match the English word or expression in Column A with its Spanish equivalent in Column B.

A	B
1. company	a. reglamentario
2. to be in danger	b. poderoso
3. to demand	c. el principio
4. right	d. la empresa, la compañía
5. regulation	e. invertir
6. regulatory	f. el puesto
7. power	g. verse en peligro
8. powerful	h. el poder
9. at any cost	i. el accionista
10. shareholder, stockholder	j. exigir
11. consumers' rights	k. la meta
12. to invest	l. el derecho
13. principle	m. los derechos del consumidor
14. goal, objective	n. la reglamentación
15. job, position	o. cueste lo que cueste (costara lo que costara)

Ejercicio 6   Select the word being defined.
1. lo que le da o le concede a uno una autoridad moral
   (el derecho / la reglamentación)
2. la acción de controlar
   (el derecho / la reglamentación)
3. el derecho o la autoridad de hacer algo
   (el poder / la presión)
4. estar o encontrarse en una situación mala
   (exigir / verse en peligro)
5. insistir en que se haga
   (exigir / invertir)
6. poner su dinero en algo
   (exigir / invertir)

Ejercicio 7   Complete each statement with the appropriate word(s).
1. La _____ de cualquier empresa es la de realizar un beneficio.
2. Uno puede ser _____, pero no le da el derecho de ser abusivo.
3. Ella tiene un _____ muy bueno con la compañía. Le paga un sueldo (salario) muy alto.
4. _____ tiene (posee) acciones en la empresa.
5. El gobierno ha tenido que tomar medidas _____ para controlar o limitar los abusos contra el público.

6. La compañía se ve _____ porque hay mucha controversia entre los directores, los empleados y los accionistas.
7. Los _____ protegen a los consumidores.
8. Ella quiere _____ su dinero en esta compañía porque tiene mucha confianza en su crecimiento *(growth)* futuro.
9. El lo hará _____. Es decir que no le importa lo que tiene que hacer para realizar su meta.

Ejercicio 8   Match the English word or expression in Column A with its Spanish equivalent in Column B.

A	B
1. head, boss	a. el jefe
2. manager	b. los hombres de negocio
3. employee	c. la plaga
4. business people	d. la remuneración
5. manpower, labor	e. el empleado
6. upheaval	f. el título académico
7. hiring practices	g. sacar a (la) luz
8. pay	h. la mano de obra
9. policy	i. la política
10. sexual harassment	j. los envejecientes
11. plague, disease	k. el revuelo
12. to bring to light	l. el minusválido, el impedido
13. disabled person	m. las prácticas de reclutamiento
14. senior citizens	n. el acoso sexual
15. academic degree	o. el gerente

Ejercicio 9   Complete each statement with the appropriate word(s).
1. El presidente de la junta directiva es el _____ de la empresa.
2. Todos los _____ tienen su jefe.
3. La _____, o sea, el salario depende del trabajo que se hace.
4. Algunos _____ tratan mejor a sus empleados.
5. Recientemente ha habido muchos cambios en _____ para dar más empleo a los miembros de los grupos minoritarios.
6. Ha sido un verdadero _____.
7. Pero hay muchos problemas que son difíciles de resolver. El _____ sexual es uno. Sigue existiendo en el lugar de empleo.
8. Ella tiene su _____ de una universidad prestigiosa.
9. La discriminación étnica, racial, religiosa o sexual es una _____.
10. Algunos _____ tienen el deseo de (quieren) jubilarse (retirarse) y otros no.
11. Muchas compañías tienen una _____ contra la discriminación y el acoso sexual pero eso no quiere decir que estos males no existan en la práctica.

12. La política de la Acción Afirmativa ha beneficiado a las mujeres. Sin embargo, las mujeres tienen que seguir exigiendo la misma _____ que los hombres por el mismo trabajo.

Ejercicio 10   Give another term that means the same thing.
1. el administrador
2. el salario, el sueldo
3. un cambio completo, dramático, drástico
4. el conjunto de los asalariados de una empresa
5. el conjunto de las prácticas
6. una calamidad, una cosa muy desagradable, casi repugnante

Ejercicio 11   Match the English word or expression in Column A with its Spanish equivalent in Column B.

A	B
1. factory	a. contaminar
2. to improve	b. mejorar
3. to burn	c. la protección del medio ambiente
4. industrial wastes	d. enterrar
5. to release	e. quemar
6. to dump, pour	f. soltar(se)
7. to get rid of, dispose of	g. la fábrica
8. environmental protection	h. deshacerse de
9. survival	i. los desechos industriales
10. to bury	j. derramar
11. to pollute	k. la supervivencia
12. resource	l. el recurso

Ejercicio 12   Select the appropriate word to complete each statement.
1. A veces no es posible _____ el problema totalmente (completamente).
   a. mejorar   b. resolver   c. soltar
2. Durante este siglo se han _____ las condiciones de trabajo en las fábricas.
   a. mejorado   b. resuelto   c. reclutado
3. Hay que prohibir _____ al aire las sustancias tóxicas.
   a. deshacer   b. soltar   c. resolver
4. Las emisiones de gases se sueltan al aire y lo contaminan cuando las fábricas _____ algunas sustancias químicas.
   a. se deshacen   b. queman   c. derraman
5. Se _____ muchos desechos industriales en nuestros ríos, lagos y mares.
   a. deshacen   b. queman   c. derraman

6. La protección del medio ambiente es esencial para _____ de la raza humana.

   a. el empeoramiento   b. la resolución   c. la supervivencia

Ejercicio 13 Complete the following.

Las empresas que no tienen moral social _____ *(burn)* sustancias químicas y _____ *(release)* gases tóxicos al aire; _____ *(dispose of)* muchos desechos industriales y los _____ *(spill)* en nuestros ríos y lagos. En fin estas empresas _____ *(pollute)* nuestro medio ambiente.

COMPRENSION _____

Ejercicio 1 Answer.
1. ¿De qué grupos de interesados se compone una empresa?
2. ¿Qué pasa si los propietarios no están satisfechos?
3. ¿Y qué pasa si los directores y los otros empleados no están satisfechos?
4. ¿Y qué pasa si los consumidores no están satisfechos?
5. ¿Qué no se debe hacer mientras se trata de realizar los beneficios al máximo?
6. A principios de este siglo, ¿cómo eran los jefes de empresa y los grandes industriales?
7. ¿Qué libro abrió paso a las primeras reglamentaciones gubernamentales para los derechos de los consumidores?
8. ¿Qué es el «consumerismo»?
9. ¿Qué es la «Acción Afirmativa»?
10. ¿Cómo se han beneficiado las mujeres de esta política?
11. ¿Cuál es la plaga de nuestra época?
12. ¿Qué es el movimiento ecologista?

Ejercicio 2 True or false?
1. A principios de este siglo los hombres de negocio y los grandes industriales se preocupaban por los principios morales y hacían mucho para proteger los derechos de los consumidores y de los empleados.
2. Hoy día los consumidores tienen recursos si compran mercancías defectuosas.
3. La discriminación en el lugar de empleo existe sobre todo contra los afroamericanos, los hispanos, los minusválidos, los envejecientes, los homosexuales y las mujeres.
4. Todos los problemas relacionados con las condiciones de trabajo, las prácticas de reclutamiento, la remuneración, la promoción, etc., han sido resueltos.
5. El aire que respiramos está contaminado porque las empresas que no tienen escrúpulos derraman sustancias químicas en nuestros ríos, lagos y mares.

6. Las empresas no se enfrentan con ningún dilema para deshacerse de los desechos industriales.
7. Afortunadamente una proporción baja de la población vive en las cercanías de los lugares declarados «contaminados» por el gobierno.
8. En los Estados Unidos hay legislación para reglamentar la protección del medio ambiente.

Ejercicio 3   Answer.

Los cuatro derechos de los consumidores en inglés son: *the right to safety, the right to be informed, the right to choose, the right to be heard.* ¿Cómo se expresan estos cuatro derechos en español?

Ejercicio 4   Follow the directions.

Dé algunos ejemplos de como se contamina nuestro medio ambiente y los efectos de la contaminación. Use los verbos siguientes: **derramar, deshacerse de, respirar, quemar, soltarse, enterrar.**

Capítulo 5
ORGANIZACION DE LA EMPRESA

Las empresas se clasifican, por lo general, en tres categorías: las pequeñas, las medianas y las grandes. Las empresas pequeñas y medianas forman un solo grupo de empresa—la EPM. Las empresas se pueden dividir en tres grupos básicos: las empresas de manufactura (fábricas y plantas), las empresas comerciales (tiendas de todas clases) y las empresas de servicios (compañías de seguros, bancos, restaurantes, abogados). Cada empresa tiene una organización diferente que corresponde a un producto o servicio determinado. No obstante, se encuentran en todas los mismos tipos de servicios o departamentos.

Dirección administrativa

La empresa es dirigida por un presidente o director general que está a la cabeza de una junta directiva. También forman parte de la dirección general la secretaría, el departamento que se ocupa de la redacción de las comunicaciones internas y externas y el departamento o servicio legal, que se ocupa de todos los asuntos legales.

Contabilidad y finanzas

El departamento de contabilidad prepara, registra y controla las cuentas. El servicio de facturización, como es de suponer, se ocupa de preparar y enviar las facturas. El servicio de pagos y sueldos tiene la responsabilidad del pago de los empleados de la empresa. El presupuesto sirve para prever y planificar todas las actividades financieras de la empresa.

Servicios comerciales

Cada empresa tiene servicios comerciales específicos que determinan su función dentro de la empresa. El servicio de compras obtiene las mercancías necesarias para satisfacer la demanda y asegurar el constante abastecimiento de las existencias e inventarios. Es obvio que el servicio de abastecimiento está estrechamente relacionado con el servicio de compras. El servicio de ventas se encarga de vender los productos de la empresa. El servicio de reparto (entregas) hace llegar el producto al consumidor. El servicio de posventa es esencial ya que asegura la satisfacción del consumidor y así su lealtad al producto de la empresa. El servicio de publicidad está ligado con el servicio de ventas. El servicio de relaciones públicas no se limita al mantenimiento de las buenas relaciones con el público, sino también tiene que hacer que el producto se conozca por medio de los medios gratuitos de publicidad— las ruedas de prensa, por ejemplo. El servicio de estudios de mercado y de estadísticas también es parte de marketing. Marketing se ocupa tanto del lanzamiento de un nuevo producto o servicio como de las técnicas de venta más indicadas, así como de la misma vida del producto. Marketing estudia el ciclo de vida del producto y adapta las estrategias de acuerdo con cada fase diferente de la vida del producto.

Servicios técnicos

El servicio de manufactura fabrica el producto. El departamento de estudios lleva a cabo las investigaciones destinadas al mejoramiento de un producto actual o la creación de un producto nuevo.

Servicios sociales

El servicio o departamento de personal o recursos humanos recluta a los empleados. También lleva un historial para cada empleado con su sueldo, sus ascensos, incrementos salariales, etc. Los servicios sociales vigilan la salud de los empleados y las condiciones de trabajo.

ESTUDIO DE PALABRAS _____

Ejercicio 1   Study the following cognates that appear in this chapter.

la categoría	la estadística	básico
el grupo	el marketing	administrativo
la manufactura	la fase	legal
el producto	la creación	gratuito
la planta	el incremento	social
el servicio	el salario	salarial
el banco		
el presidente		clasificar
las finanzas		controlar
la actividad		planificar
el inventario		obtener
las relaciones públicas		limitar
el público		dividir

Ejercicio 2   Give the word being defined.

1. el dinero que uno gana, que recibe por su trabajo
2. un bien como, por ejemplo, un coche o una cámara
3. el stock o las existencias que quedan
4. hacer una división, separar en grupos
5. poner en categorías
6. el período, el paso, la etapa
7. el aumento
8. el director, el jefe

9. la fabricación
10. una institución financiera

Ejercicio 3   Complete each expression with the appropriate word(s).

1. salary increase   el incremento _____
2. free advertising   la publicidad _____
3. financial activities   las actividades _____
4. administrative costs   los costos _____
5. administrative assistant   el asistente _____
6. public relations   las relaciones _____
7. legal phase   la fase _____

Ejercicio 4   Match the English word or expression in Column A with its Spanish equivalent in Column B.

A	B
1. concern, firm	a. la junta directiva
2. manufacturing concern	b. la empresa
3. sales (merchandising) firm	c. la empresa de manufactura
4. service enterprise	d. la empresa de servicios
5. general management	e. la empresa comercial
6. Board of Directors	f. la dirección general
7. CEO	g. el director ejecutivo

Ejercicio 5   Select the appropriate word(s) to complete each statement.

1. La Ford es una _____.
   a. empresa pequeña   b. empresa mediana   c. empresa grande
2. Una sociedad anónima es una _____.
   a. fábrica   b. empresa   c. junta directiva
3. Una tienda es una empresa _____.
   a. de manufactura   b. de servicios   c. comercial
4. Una compañía de seguros es una empresa _____.
   a. de manufactura   b. de servicios   c. comercial
5. Un restaurante es una empresa _____.
   a. de manufactura   b. de servicios   c . comercial
6. La dirección general comprende los varios _____.
   a. jefes   b. empleados   c. directores de marketing
7. Los accionistas votan durante la reunión anual de _____.
   a. la empresa   b. la junta directiva   c. los directores

Ejercicio 6   Select the appropriate word(s) to complete each statement.

1. Una empresa comercial (fabrica / vende) algo.
2. Una empresa de servicios (satisface una necesidad humana / vende un producto).
3. El (director ejecutivo / empleado) dirige la empresa.

Ejercicio 7   Match the English word or expression in Column A with its Spanish equivalent in Column B.

A	B
1. accounting department	a. el presupuesto
2. account	b. el servicio de contabilidad
3. balance sheet	c. la factura
4. billing	d. la facturización
5. bill	e. registrar
6. budget	f. la cuenta
7. to post, enter	g. el balance
8. assets	h. los pasivos
9. liabilities	i. los activos

Ejercicio 8   Match the English word or expression in Column A with its Spanish equivalent in Column B.

A	B
1. payroll department	a. el servicio (departamento) de pagos
2. purchasing department	de sueldos
3. sales department	b. el servicio de posventa
4. shipping department	c. el departamento de publicidad
5. customer service	d. el departamento de manufactura
6. public relations department	e. el servicio (dpto.) de ventas
7. advertising department	f. el servicio de personal (recursos
8. market research department	humanos)
9. manufacturing (production)	g. el servicio de estudios de mercado
department	h. el departamento de relaciones
10. personnel department	públicas (exteriores)
11. stock	i. el servicio de compras
	j. el departamento de reparto (expedición)
	k. las existencias.

Ejercicio 9   Complete each statement with the appropriate word(s).

1. _____ se efectúa el primero de cada mes.
2. Se envía una _____ a cada cliente que debe dinero.
3. El servicio de _____ se ocupa de la imagen que tiene el público de la empresa.
4. El servicio de contabilidad establece las diferentes _____ de operaciones.
5. _____ es el documento que representa los activos y los pasivos de una empresa en una fecha determinada.
6. El _____ es un pronóstico de los ingresos (las rentas) y los egresos (gastos) que tendrá la empresa durante un período determinado de tiempo.

Ejercicio 10   Tell which department is being discussed.

1. Pagan los sueldos a los empleados.
2. Van a discutir el historial del empleado.
3. Van a escoger los medios que utilizarán en una gran campaña publicitaria para lanzar un producto nuevo.
4. Vamos a preparar una rueda de prensa para explicar al público el accidente que tuvo lugar en una de nuestras fábricas.
5. Un cliente quiere saber hasta qué fecha está en vigor su garantía.
6. Van a decidir el medio de transporte más conveniente.
7. Compran todas las mercancías necesarias para la fabricación o manufactura del producto.
8. Van a tratar de determinar las necesidades futuras del público, o sea, del mercado.
9. Se responsabiliza por el personal de ventas.

Ejercicio 11   Match the word or expression in Column A with its Spanish equivalent in Column B.

A	B
1. store	a. dirigir
2. factory	b. la tienda
3. insurance	c. el marketing, el mercadeo, la comercialización
4. to direct	
5. to replenish	d. el historial
6. to take charge of	e. la fábrica
7. marketing	f. las técnicas de venta
8. sales techniques	g. los seguros
9. product life cycle	h. las condiciones de trabajo
10. research	i. abastecer
11. pay increase	j. el incremento salarial
12. work(ing) conditions	k. ocuparse de, encargarse de
13. promotion	l. el ascenso
14. dossier	m. el ciclo de vida del producto
	n. la investigación, el estudio

Ejercicio 12   Tell what is being discussed.

1. lo que tiene que usar el vendedor para convencerle al cliente a comprar el producto
2. un establecimiento donde fabrican máquinas, automóviles, etc.
3. el período durante el cual se puede vender un producto, o sea, realizar ganancias de un producto
4. los estudios que indican tendencias (patrones futuros)
5. más sueldo
6. responsabilizarse, ocuparse de
7. obtener más existencias, mercancía
8. ejercer una autoridad sobre alguien o algo

9. establecimiento donde se venden mercancías
10. el ambiente de la oficina, de la fábrica o de cualquier lugar donde trabajan los empleados

COMPRENSION

Ejercicio 1 Complete the following.

1. Se clasifican las empresas en tres categorías:
   a. _____
   b. _____
   c. _____
2. Se puede dividir las empresas en tres grupos básicos:
   a. _____
   b. _____
   c. _____
3. Tres ejemplos de una empresa de servicios son:
   a. _____
   b. _____
   c. _____
4. Tres ejemplos de una empresa de manufactura son:
   a. _____
   b. _____
   c. _____
5. Tres funciones del servicio de contabilidad son:
   a. _____
   b. _____
   c. _____
6. Tres funciones del departamento (servicio) de personal o de recursos humanos son:
   a. _____
   b. _____
   c. _____

Ejercicio 2 Answer.

1. ¿Quién dirige una empresa?
2. ¿Cómo se le llama al *CEO* en español?
3. ¿Qué departamento compra las mercancías o los materiales que se necesitan en la producción de un producto o en el funcionamiento y el mantenimiento de una empresa?
4. ¿Cuál es la meta (el objetivo) del servicio (departamento) de relaciones públicas?
5. ¿Qué departamento se ocupa del lanzamiento de un producto nuevo y del desarrollo de técnicas adecuadas de venta?
6. ¿Cuáles son algunas cosas que aparecen en el historial de un empleado?
7. ¿En qué departamento se archivan *(file)* los historiales?

Capítulo 6
ADMINISTRACION DE LA EMPRESA

Para que una empresa esté bien dirigida hay que tener una jerarquía administrativa claramente definida, sobre todo hay que respetar el principio de la concordancia de autoridad y responsabilidad. Cada administrador debe tener la autoridad necesaria para cumplir con sus responsabilidades. El administrador ejerce un poder sobre sus subordinados, pero ese poder tiene sus límites. Hasta el mismo presidente o director general de una gran empresa tiene que rendir cuentas a la junta directiva.

Cadena de mando

Hay dos sistemas de administración o dirección. En el sistema jerárquico, o sea, el sistema de organización lineal, un superior delega su autoridad a un subordinado quien, a su vez, delega parte de su autoridad a otro, subordinado a él, y así por la cadena de mando. Esta cadena se llama «línea». El siguiente diagrama, u «organigrama», describe este sistema de administración o dirección.

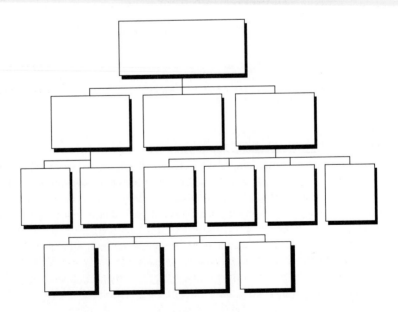

Administración por consejo

El segundo sistema administrativo es la administración o dirección por consejo, también conocido como «dirección por estado mayor», «de matriz» o «staff». Los directores que tienen autoridad de consejo están allí para ayudar y aconsejar a los directores que tienen la autoridad de mando. El organigrama que sigue describe las relaciones entre la autoridad de consejo y la autoridad de mando (línea).

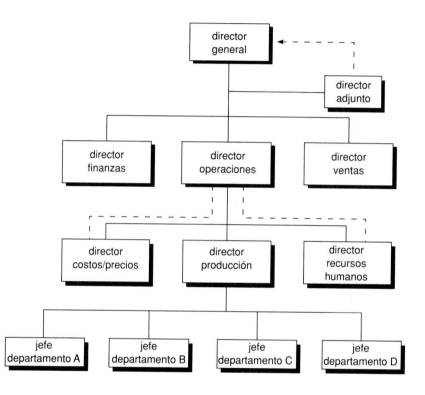

Estructura de la organización

Hay que decidir la forma en que se asignarán las tareas. Se puede hacer de varias maneras. Se puede organizar la estructura por funciones, con un director de marketing, otro para finanzas, otro responsable de los recursos humanos y otro responsable de la producción. Todos los directores responden directamente al presidente o director general en esta estructura jerárquica. Esta estructura es muy común entre las empresas que funcionan dentro de un campo de acción estable. Este sistema facilita la interacción entre especialistas en una misma área. El mayor inconveniente es la falta de colaboración entre los diferentes departamentos o servicios.

La empresa también se puede organizar a base de los productos. Un director es responsable de los plásticos, otro de los productos de caucho[1]. Con este sistema, las responsabilidades quedan muy bien definidas, pero la interacción entre especialistas dedicados a la misma área suele ser menos frecuente. Otra forma de organizar la empresa es por regiones geográficas: el noreste, el sur, etc. Este tipo de estructura sirve mejor a las empresas dedicadas a proveer servicios. También se puede organizar la estructura según los diferentes tipos de clientela: ventas al detal, ventas a negocios o al por mayor. La estructura según horarios de trabajo se emplea sobre todo en las fábricas donde hay turnos de trabajo que permiten la utilización de la maquinaria y equipo durante las 24 horas.

Toma de decisiones

Siempre se vuelve al problema de la toma de decisiones por la dirección. No es bastante tener el poder y la autoridad. El administrador debe seguir ciertas pautas antes de tomar una decisión y también después de tomarla. Debe hacer lo siguiente:

identificar aquellos síntomas que le indican que existe un problema.

analizar los síntomas.

identificar el problema. Es una de las tareas más difíciles para el administrador. Lo que ocurre es que, a menudo, se confunden los síntomas con el problema.

determinar cuáles son los factores que prohíben una solución ideal.

buscar las soluciones a los problemas y analizarlas con precisión.

tomar la decisión.

comunicar la decisión eficazmente, es decir, tratar de «vender» la decisión a los otros directores.

controlar el resultado de la decisión, o sea, poner en práctica la solución que se determinó.

Ser un buen administrador implica más que sólo la competencia técnica, el sentido de organización y la facilidad de comunicar. Hay que tener también iniciativa. Pero a veces se les olvida de pensar en el tiempo. La administración del tiempo es, de hecho, la administración de las actividades que se deben llevar a cabo durante determinado período de tiempo. Es cuestión de organización, de planificación y de concentración de una manera más bien individual y personal. Hay un sinnúmero de decisiones que el administrador tiene que tomar en las cuatro áreas básicas de su responsabilidad: la planificación, la organización, la dirección y el control.

Se ha escrito mucho sobre la transición de la sociedad industrial norteamericana a una sociedad de información, lo cual afectará en gran escala la organización de las empresas. Se ve en el futuro una empresa más «humana», una empresa que presta más atención al bienestar[2] y comodidad tanto física como mental de sus empleados.

---

[1]*rubber*   [2]*well-being, welfare*

ESTUDIO DE PALABRAS _____

Ejercicio 1 Study the following cognates that appear in this chapter.

la administración	la concentración	respetar
la jerarquía	la transición	administrar
la concordancia	la información	ejercer
la autoridad	el síntoma	delegar
la responsabilidad	el problema	facilitar
el administrador	el factor	introducir
el subordinado	la solución	identificar
el límite	la idea	indicar
el superior	la presión	existir
la línea	el resultado	analizar
la estructura	el inconveniente	confundir
la organización		determinar
la función	definido	prohibir
la interacción	administrativo	comunicar
el especialista	necesario	implicar
la colaboración	superior	
el plástico	geográfico	
la región	individual	
la clientela	personal	
la planificación	industrial	

Ejercicio 2 Complete with the correct form of one of the words given.

administrar   administración
administrador   administrativo

El éxito de la _____ de una empresa depende de la competencia
_____ que tienen (poseen) sus _____ que _____ las
tareas diarias de la empresa.

Ejercicio 3 Give the word being defined.

1. la clasificación de funciones según una escala de subordinación e importancia
2. la aptitud, la capacidad
3. una indicación, un signo, una señal de que algo va a suceder (pasar, ocurrir, tener lugar)
4. la contestación o la respuesta a un problema
5. la desventaja, la parte que no conviene
6. el conjunto de clientes
7. lo que resulta—puede ser un éxito o un fracaso, una ganancia o una pérdida
8. el empleo, el uso, el propósito de una cosa

Ejercicio 4   Match the word in Column A with its definition in Column B.

A

1. delegar
2. comunicar
3. facilitar
4. limitar
5. controlar
6. determinar
7. analizar
8. identificar
9. introducir
10. confundir

B

a. transmitir, informar
b. conferir una responsabilidad a otro
c. indicar, fijar, precisar
d. hacer más fácil
e. restringir, imponer límites
f. presentar
g. mezclar asuntos y crear confusión
h. hacer un estudio minucioso
   (detallado)
i. ejercer un control
j. nombrar

Ejercicio 5   Give the Spanish equivalent for each of the following terms.

1. to delegate authority
2. to delegate authority to a subordinate
3. to determine the symptoms
4. to analyze all the pertinent factors
5. to identify the problem
6. to look for a solution
7. to make (**tomar**) a decision
8. to control the results
9. to assign a task (**tarea**)

Ejercicio 6   Match the English word or expression in Column A with its Spanish equivalent in Column B.

A

1. to manage
2. manager
3. management
4. authority
5. responsibility
6. power
7. line organization
8. staff organization
9. planning
10. managing
11. organizing
12. controlling
13. chain of command

B

a. la autoridad
b. la cadena de mando
c. la organización
d. el poder
e. administrar, dirigir
f. la organización lineal
g. la planificación
h. el director, el administrador
i. la dirección, la administración
j. el control
k. la dirección, la administración, la gestión
l. la administración por consejo, la dirección por estado mayor
m. la responsabilidad

Ejercicio 7   Complete each statement with the appropriate word(s).
1. El administrador debe tener la _____ y el _____ de poder cumplir con sus responsabilidades.
2. _____ comprende todos los administradores de la empresa.
3. Cuatro responsabilidades de la administración son _____, _____, _____ y _____.
4. La empresa está dirigida por _____.

Ejercicio 8   Use each word in a sentence.
1. el director
2. la dirección
3. dirigir

Ejercicio 9   Match the English word or expression in Column A with its Spanish equivalent in Column B.

A	B
1. to be accountable	a. poner en práctica
2. to advise	b. rendir cuentas a
3. decision making	c. aconsejar
4. task, job	d. la toma de decisiones
5. to put into practice	e. la tarea
6. to carry out	f. tomar una decisión
7. to make a decision	g. cumplir con

Ejercicio 10   Complete each statement with the appropriate word(s).
1. Yo te _____ no hacerlo. No me parece una buena idea. Te aseguro que los resultados serán negativos.
2. _____ es una tarea primordial, o sea, muy importante de un administrador.
3. Aún el director general ejecutivo de la empresa tiene que _____ a la junta directiva.
4. El hecho de _____ la solución es tan importante como la solución misma (en sí).
5. Ella siempre quiere _____ sus responsabilidades.

Ejercicio 11   Match the English expression in Column A with its Spanish equivalent in Column B.

A	B
1. organization (division) by function	a. la organización por regiones geográficas
2. organization by product	b. la competencia técnica
3. organization by territory	c. la facilidad de comunicar
4. organization by customer/client	d. las pautas
5. management by objectives	e. la dirección (gerencia) por objetivos

6. technical know-how and skills
7. organizational ability
8. communication skills
9. time management
10. guidelines

f. el sentido de organización
g. la organización a base de productos
h. la administración de tiempo
i. la organización según la clientela
j. la organización por funciones

Ejercicio 12   Tell what is being defined.
1. Se establecen o se determinan objetivos o metas y se dirige la empresa de manera que estas metas u objetivos se realicen.
2. Se divide o se organiza la empresa según los servicios esenciales tales como la contabilidad, el marketing, la producción, etc.
3. Se organiza la empresa según los diferentes tipos de clientes tales como los mayoristas, los detallistas.
4. Se organiza la empresa según los diferentes tipos o las diferentes líneas de productos como, por ejemplo, los perfumes, el maquillaje.
5. Es el control del tiempo, la capacidad de no perder el tiempo.
6. Es un modelo, un esquema que se puede seguir.
7. Se puede hablar fácilmente con gente que apenas se conoce; tener el don de hablar sobre todo con gente casi desconocida.
8. Es la formación profesional necesaria que uno debe tener para hacer una tarea especializada.

COMPRENSION

Ejercicio 1   True or false?
1. El poder que ejerce el administrador sobre sus subordinados no debe tener límites.
2. Para dirigir bien una empresa, es necesario que cada administrador tenga la autoridad que le permita cumplir con sus responsabilidades.
3. La cadena jerárquica administrativa no existe en una empresa organizada por funciones.
4. La interacción entre los diferentes servicios o departamentos de una empresa organizada por funciones es siempre excelente.
5. Las responsabilidades del administrador de una empresa organizada por productos son más específicas que las del administrador de una empresa organizada por funciones.

Ejercicio 2   Answer.
1. Un superior delega su autoridad a un subordinado que delega una parte de esta autoridad a otro subordinado. A este tipo de autoridad, ¿se le llama «línea» o «staff»?
2. ¿La estructura por regiones geográficas les conviene más a las empresas comerciales, de manufactura o de servicios?
3. ¿Cuál es la responsabilidad primordial de un buen administrador?

4. ¿Cuáles son algunas características o atributos que debe poseer un administrador hábil?
5. ¿Cuáles son las cuatro áreas básicas de la responsabilidad de un administrador?
6. ¿Qué se ve en el futuro para las grandes empresas norteamericanas?

Ejercicio 3   Give the type of organization being described.
1. En esta casa editorial hay un departamento para libros de texto (libros escolares), otro para novelas, otro para enciclopedias, etc.
2. Hay un administrador que se responsabiliza de cada tipo de producto que fabrica la empresa.
3. Hay un administrador para el departamento que se ocupa de los mayoristas, otro para las ventas a domicilio, otro para los detallistas, etc.
4. Hay un administrador que se encarga de cada región del país.
5. Hay un administrador que se encarga del turno diurno y otro del turno nocturno.

Ejercicio 4   In your own words, explain each of the following terms.
1. la organización lineal (la administración por cadena de mando)
2. la administración por consejo

Capítulo 7
SINDICATOS

Sindicatos (Uniones) en los EE.UU.

En el sistema norteamericano hay una clara diferencia entre los intereses de los empleados y los de los patronos. Por una parte, los propietarios o los directores de empresas tienen el derecho de usar sus recursos como quieran; por otra parte, los empleados quieren un empleo seguro y estable, condiciones de trabajo decentes y apropiadas y una remuneración de acuerdo con los servicios que le proporcionan a la empresa. Pero cuando la economía entra en recesión, la competencia es más dura y surgen conflictos entre patronos y empleados. Cuando pertenecen a un sindicato, los empleados tienen más poder para negociar con los patronos. Se puede despedir a un solo empleado, pero es mucho más difícil echar a todo un grupo de empleados.

Un poco de historia En 1792 un grupo de zapateros se reunió en Filadelfia para hablar de su oficio. Sin saberlo, crearon el primer sindicato en su país. Durante los 10 años siguientes se formaron otros sindicatos. Estos eran sindicatos por oficio o gremio. En 1869 varios sindicatos locales se unieron y tomaron el nombre de *Knights of Labor* («Caballeros del trabajo»). En 1890, el mando del movimiento sindical pasó a la Federación Americana del Trabajo *(American Federation of Labor—AFL)*. Por los años 30, los sindicatos están en pleno apogeo[1], sobre todo con respecto a los obreros no diestros. Un comité de organización industrial se forma dentro de la *AFL*. De este comité se formará después un sindicato industrial, es decir, un sindicato que reunirá a todos los obreros, diestros o no, que trabajan dentro de una misma industria. El comité organizó a los obreros en las industrias del automóvil y del acero[2]. Pero en 1938, el comité decidió abandonar la *AFL*, a quien nunca le entusiasmó la idea de un sindicato industrial. Este comité formó su propio sindicato con el nombre de Congreso de Organizaciones Industriales *(Congress of Industrial Organizations—CIO)*.

Durante la Segunda Guerra Mundial, el pleno empleo sería la meta de los sindicatos. No obstante, después de la guerra unas cuantas huelgas importantes provocaron legislación que prohibía ciertas tácticas de los sindicatos, especialmente la que exigía el empleo exclusivo de miembros del sindicato. Se

---

[1]*peak, height*   [2]*steel*

llama «taller cerrado» donde sólo se permite trabajar a los miembros del sindicato. En 1955, la *AFL* y la *CIO* se unieron para formar un sindicato único de unos 16 millones de miembros. Durante los años 50 los escándalos de corrupción tacharon la imagen de los sindicatos. A pesar de eso, hasta fines de los años 70, el movimiento sindical conservaba todo su poder.

Movimiento sindical actual Actualmente los sindicatos han perdido gran parte de su vitalidad. Si no se cuentan los trabajadores agrícolas, los sindicatos representan sólo al 17% de los trabajadores, en 1955 representaban al 40%. De hecho, la industria norteamericana ha cambiado mucho en los últimos 20 años. La competencia de países extranjeros se ha notado especialmente en la industria de los automóviles. Además, la importancia de la industria pesada en la economía ha disminuido, y es allí donde los sindicatos reclutan la mayoría de sus miembros. Los empleados asalariados, cuyo número asciende constantemente, son más difíciles de reclutar que los obreros. También, los patronos luchan con vigor contra los sindicatos.

Convenios colectivos Estos son acuerdos firmados por los patronos y los sindicatos que regulan las diferentes condiciones de trabajo durante determinado período de tiempo. Estos acuerdos son el objetivo de negociaciones delicadas en las que cada parte trata de obtener el máximo posible de la otra. Nadie quiere una huelga. Más aún, durante un período de crisis económica, no son tanto los incrementos de sueldo que son la orden del día, sino la protección de empleo. Algunos sindicatos se han dispuesto a aceptar una reducción de sueldo a cambio de garantías de empleo.

Conflictos y armas de los sindicatos

Si los negociadores no tienen éxito, los sindicatos tienen sus medios de presión.

Huelga Es un paro de trabajo. Mientras que dure la huelga, los trabajadores no reciben sueldo. El sindicato les paga con fondos de la caja de huelga.

Fila de piquetes de huelga Los huelguistas forman una fila frente al lugar de trabajo para tratar de impedir que otros empleados se presenten al trabajo.

Sabotaje Obviamente es un medio ilegal, pero se emplea de cuando en cuando para obtener un contrato mejor.

Huelga de brazos caídos Es una interrupción de la actividad normal de la empresa por una falta de actividad por parte de los trabajadores.

Boicoteo Se ponen de acuerdo en no comprar los productos fabricados o vendidos por la empresa.

Armas de los patronos

Si los sindicatos tienen sus armas o medios de presión, también los tienen y los utilizan los patronos.

Cierre de fábrica o «lock-out» Los patronos cierran las fábricas u oficinas y no permiten trabajar a los obreros.

Trabajadores de reemplazo Los patronos simplemente reemplazan a todos los huelguistas con nuevos empleados. En 1987, los jugadores profesionales de fútbol americano fueron a la huelga. Los dueños de los equipos en seguida contrataron a 1600 nuevos jugadores, y un mes más tarde se acabó la huelga.

Reemplazo por administradores La empresa a veces reemplaza a los huelguistas con sus propios administradores.

Interdicto o mandato judicial Se le pide a la corte una orden que prohiba o que requiera cierta acción de parte del sindicato. Esta intervención es legal sólo bajo ciertas condiciones, casi siempre cuando se trata de los intereses nacionales.

Asociaciones patronales Los patronos se unen en asociaciones para protegerse contra las actividades sindicales. Ellos tratan de influir en legislación que limite los derechos y las actividades de los sindicatos.

Los patronos y los sindicatos pueden encontrarse en una guerra prolongada. Ellos pueden también, una vez que todo lo demás ya haya fracasado, recurrir al arbitraje donde un tercero decidirá las cuestiones en disputa. Desgraciadamente, ocurre a veces que la corporación decide cerrar sus puertas porque el negocio anda mal, o bien para trasladarse a otro lugar donde la mano de obra es más barata. Estas decisiones se toman, generalmente, de repente, sin avisar de antemano a los empleados que se encuentran prácticamente de la noche a la mañana desempleados. En 1989, se aprobó una ley que les obliga a las corporaciones a informarles a los empleados con 60 días de anticipación en caso de cierre. Muchos sindicatos consideran este período de tiempo demasiado corto porque no les permite a los empleados encontrar nuevo empleo, especialmente cuando toda la economía de un pueblo o una región depende de una gran empresa.

Hoy los sindicatos están adoptando nuevas estrategias, más apropiadas para la economía actual. Por ejemplo, ellos tratan de reclutar a otros tipos de trabajadores como las mujeres, y enfatizan la necesidad de beneficios como subsidios para maternidad y el establecimiento de hogares infantiles para las horas laborables. Algunos sindicatos usan su caja de retiro o pensiones para financiar proyectos que dan trabajo a sus miembros. Ellos organizan programas de formación profesional o de reorientación para los trabajadores que necesitan desarrollar nuevas destrezas. Ellos les proveen gratuitamente a sus miembros servicios legales, o les procuran tarjetas de crédito con tasas de interés relativamente bajas. Todo esto para reclutar a nuevos miembros y para no perder a los viejos.

ESTUDIO DE PALABRAS

Ejercicio 1 Study the following cognates that appear in this chapter.

los intereses	el conflicto	la corrupción
el propietario	el comité	la vitalidad
el director	la legislación	la reducción
la remuneración	la táctica	la garantía
la recesión	el escándalo	el negociador

el sabotaje	estable	proporcionar
el contrato	decente	negociar
el boicoteo	apropiado	crear
el lock-out	local	prohibir
la imagen	agrícola	conservar
el arbitraje	regular	disminuir
la cuestión	ilegal	ascender
la disputa		obligar
la estrategia		informar
la maternidad		enfatizar
la pensión		financiar

Ejercicio 2   Match the word in Column A with its definition in Column B.

A	B
1. el boicoteo	a. la percepción, la representación, la imagen mental
2. el escándalo	b. un hecho o una acción inmoral, asquerosa, horrible
3. el contrato	c. una oposición de intereses entre dos o más individuos o grupos
4. el partido	d. no permitir, no dejar
5. el lock-out	e. un documento que indica que los que lo han firmado han llegado a un acuerdo sobre una cuestión en disputa
6. el conflicto	f. el conjunto de medios que se emplean para realizar un objetivo (una meta)
7. la táctica	g. el dueño, el que lo posee
8. la imagen	h. incitar
9. el acuerdo	i. una resolución tomada por dos o más personas unánimamente
10. causar	j. ser la causa
11. prohibir	k. el paro absoluto (completo) de todas las relaciones comerciales con un individuo o una empresa
12. el propietario	l. guardar, no cambiar
13. entusiasmar	m. el individuo, la persona, el grupo
14. conservar	n. la acción de no permitir a los trabajadores entrar a trabajar
15. enfatizar	o. poner énfasis en

Ejercicio 3   Match the word in Column A with its opposite in Column B.

A	B
1. agrícola	a. ilegal
2. aumentar	b. el acuerdo
3. entusiasmar	c. horrible, asqueroso
4. legal	d. industrial
5. el patrono	e. inestable
6. el conflicto	f. el empleado
7. unirse	g. disminuir
8. la recesión	h. la expansión
9. decente	i. desanimar
10. estable	j. separarse

Ejercicio 4   Match the English word or expression in Column A with its Spanish equivalent in Column B.

A	B
1. boss, employer	a. la dirección
2. worker	b. el obrero no diestro
3. laborer	c. el patrono
4. unskilled laborer	d. el empleado
5. management	e. el trabajador
6. union	f. el obrero
7. trade union	g. el desempleo
8. salaried employee	h. el sindicato
9. manpower	i. el sindicato por oficio (gremio)
10. full employment	j. desempleado
11. unemployment	k. el asalariado
12. out of work	l. la mano de obra
13. employee	m. el pleno empleo

Ejercicio 5   Complete each statement with the appropriate word(s).
1. El pobre no tiene trabajo. Está _____.
2. Y desgraciadamente no tiene ninguna formación profesional. Es un obrero

_____.
3. _____ trabaja en una fábrica.
4. Aquí viene el _____. Hay que hacer lo que quiere. Tiene mucho poder.
5. El patrono dirige a los _____.
6. Todo el mundo está contento cuando existe el _____.
7. _____ ofrece empleo y el empleado lo acepta.
8. _____ existe cuando hay mucha gente en busca de trabajo sin poder encontrarlo.
9. Los _____ luchan por los beneficios y los derechos de los trabajadores.

10. Muchos sindicatos se organizan por _____, es decir, por el tipo de trabajo que hacen sus miembros (socios, adherentes).

11. Una empresa de manufactura necesita maquinaria, materiales y _____.

12. El _____ recibe una cantidad determinada de dinero semanal o mensualmente por el trabajo que hace (los servicios que rinde).

Ejercicio 6 Match the word or expression in Column A with its definition in Column B.

A	B
1. el desempleo	a. el obrero
2. el patrono	b. no diestro
3. el trabajador	c. sin trabajo
4. el sindicato	d. el tipo de trabajo que hace un individuo
5. sin adiestramiento, sin formación profesional	e. el trabajo del obrero en la manufactura de un producto (bien)
6. el oficio	f. el jefe
7. la mano de obra	g. organización cuya meta es la de mejorar las condiciones de trabajo para los trabajadores

Ejercicio 7 Match the English word or expression in Column A with its Spanish equivalent in Column B.

A	B
1. union	a. el huelguista
2. closing, shutdown	b. el sindicato
3. strike	c. la fila de piquetes
4. striker	d. el cierre
5. picket	e. la huelga
6. picket line	f. la huelga de brazos caídos
7. work stoppage, lockout	g. el piquete
8. sit-down strike	h. el paro (de trabajo)
9. to fail	i. fracasar

Ejercicio 8 Put the following sentences in a logical order.

La empresa ha anunciado el cierre.

El sindicato se ha declarado en huelga.

La empresa se trasladó a otro lugar.

Las negociaciones entre el sindicato y los patronos no han tenido éxito. Han fracasado.

La empresa se ha instalado de nuevo en otra ciudad.

Los miembros del sindicato (Los huelguistas) han formado una fila de piquetes.

Ejercicio 9 Select the appropriate word(s) to complete each statement.

1. La huelga es _____.
   a. una disminución en la producción
   b. un cierre
   c. un paro completo de trabajo
2. Durante una huelga el _____ paga a los empleados.
   a. patrono
   b. sindicato
   c. huelguista
3. Durante una huelga los _____ forman una fila de piquetes.
   a. patronos
   b. desempleados
   c. huelguistas
4. _____ interrumpe la actividad normal de la empresa.
   a. El sindicato
   b. La huelga de brazos caídos
   c. El convenio colectivo
5. _____ es una acción por parte de los patronos.
   a. El cierre
   b. El paro
   c. La huelga

Ejercicio 10 Match the English word or expression in Column A with its Spanish equivalent in Column B.

A	B
1. job security	a. despedir
2. favorable working conditions	b. la protección de empleo
3. pay	c. el pago, la remuneración
4. pay raise	d. el taller cerrado
5. to negotiate	e. los medios de presión
6. bargaining points, pressure tactics	f. recurrir a
	g. las condiciones decentes de trabajo
7. third party	h. fracasar
8. collective bargaining	i. el incremento salarial
9. closed shop	j. el convenio colectivo
10. to fire, let go	k. el interdicto judicial
11. court injunction	l. negociar
12. to fail	m. el tercero
13. to resort to	

Ejercicio 11 True or false?

1. De vez en cuando la garantía o la protección de empleo es más importante para los trabajadores que un incremento salarial.
2. Si los resultados de las negociaciones no son favorables, los socios del sindicato pueden despedir a los patronos.

3. La mayoría de las fábricas durante la revolución industrial tenían condiciones decentes de trabajo para los obreros.
4. Como consecuencia de las condiciones favorables, los obreros se organizaron en sindicatos.
5. A veces un tercero puede ser más objetivo que los dos partidos en un conflicto.
6. A veces las cortes ordenan un interdicto judicial para prohibir cierta acción por parte del sindicato.
7. El taller cerrado dará trabajo a los que son miembros del sindicato igual que a los que no son miembros.
8. Los oficiales del sindicato y los patronos de la empresa tratan de negociar una resolución al conflicto para evitar una huelga.

Ejercicio 12   Give the word or expression being defined.
1. los puntos que se utilizan para convencerle a alguien que debe hacer lo que Ud. quiere que haga
2. el contrario de «tener éxito»; no poder realizar (cumplir con) una meta
3. discutir para llegar a una conclusión o resolución
4. el salario o sueldo; el dinero que recibe el empleado por los servicios que rinde durante un período determinado de tiempo
5. ninguna posibilidad de perder su empleo, de ser despedido

Ejercicio 13   Match the English word or expression in Column A with its Spanish equivalent in Column B.

A	**B**
1. professional training	a. el derecho
2. skill, expertise	b. los beneficios
3. legislation	c. la formación profesional
4. right	d. el hogar infantil
5. to regulate	e. la industria pesada
6. heavy industry	f. tachar
7. day-care center	g. las horas laborables
8. to recruit	h. el acuerdo
9. to tarnish	i. la destreza
10. working hours	j. reclutar
11. agreement, accord	k. regular
12. benefits	l. la legislación

Ejercicio 14   Complete each statement with the appropriate word(s).
1. El no tiene la _____ necesaria para hacer el trabajo. Le falta suficiente _____ profesional.
2. La industria de acero es un ejemplo de la industria _____.
3. Un escándalo dentro de una empresa puede _____ la imagen que tiene el público de la empresa.

4. Hay legislación que _____ el comportamiento de los patronos y las acciones de los sindicatos.
5. Muchas señoras que trabajan fuera de la casa llevan a sus niños a un _____ durante las horas laborables.
6. La empresa tiene varios puestos vacantes. Van a empezar a _____ nuevos empleados.
7. Los trabajadores también tienen sus _____.
8. Si no llegan a ningún _____, es posible que haya una huelga.
9. Los seguros, el retiro, las vacaciones con pago, etc., son ejemplos de los _____ que muchas empresas les ofrecen a sus empleados.
10. _____ son de las nueve de la mañana a las cinco de la tarde.

COMPRENSION

Ejercicio 1   True or false?
1. Nunca existen diferencias entre los intereses de los empleados y los intereses de los patronos.
2. Los empleados quieren un empleo seguro con condiciones decentes de trabajo.
3. Se puede decir que los sindicatos han beneficiado sobre todo a los obreros no diestros.
4. Durante la Segunda Guerra Mundial había mucho desempleo.
5. Un sindicato industrial reúne a todos los obreros de una industria determinada—diestros o no.
6. Un sindicato por oficio sólo reúne a los obreros diestros de un oficio determinado.
7. El movimiento sindical tiene más poder hoy que en el pasado.
8. La industria pesada está jugando un papel más y más importante en la economía de los Estados Unidos.

Ejercicio 2   Answer.
1. El comité que se formó dentro de la *AFL* en los años 30, ¿qué quería hacer? ¿Qué propósito o meta tenía?
2. ¿Qué formó (estableció) este comité en 1938?
3. ¿Y cuándo se fusionaron estos dos sindicatos?
4. ¿Actualmente es legal exigir que un individuo sea miembro o socio de un sindicato antes de obtener empleo?
5. En los años 50, ¿por qué se tachó la imagen de los sindicatos?
6. Hoy día, ¿qué les interesa a muchos empleados?
7. ¿Cuál es el propósito de una fila de piquetes?
8. Desde 1989, ¿qué tiene que hacer una empresa en caso de cierre?
9. ¿Cuáles son algunas estrategias nuevas que han adoptado los sindicatos para adaptarse a las exigencias de la economía actual?

Ejercicio 3   Indicate whether each activity is **un arma de los sindicatos** or **un arma de los patronos.**

1. una huelga
2. un paro de trabajo durante el cual los trabajadores forman una fila de piquetes delante de la empresa
3. el reemplazo de los huelguistas por nuevos empleados
4. el cierre de la fábrica u oficina para prohibir trabajar a los empleados
5. una huelga de brazos caídos para interferir con las actividades normales de la empresa
6. la acción de trasladarse e instalarse de nuevo en otro lugar donde la mano de obra resulta menos cara (más económica)
7. la decisión colectiva de no comprar el producto de la empresa, el boicoteo

Ejercicio 4   In your own words, explain each of the following terms.

1. el boicoteo
2. la huelga
3. el cierre
4. el sindicato
5. el convenio colectivo

Capítulo 8
PRODUCCION DE BIENES Y SERVICIOS

Papel de la tecnología

A partir de la revolución industrial, la preocupación principal del comercio era el incremento del rendimiento productivo. Esto se lograba de varias maneras. Las máquinas reemplazaron a muchos hombres; se necesitaba sólo un reducido número de trabajadores para operar las máquinas. La estandarización también ayudó a incrementar la producción. Pero la invención que más efecto ha tenido en el rendimiento ha sido la cadena de montaje. En ésta se montan las piezas de un automóvil u otro producto uno por uno mientras que viaja por cada puesto de trabajo donde cada obrero tiene una tarea específica, siempre la misma. «Charlot» *(Charles Chaplin)* inmortalizó la cadena de montaje en su película *Tiempos modernos*. El empleo de la cadena de montaje pudo reducir dramáticamente el tiempo de fabricación e igualmente los costos de producción. Cuando Henry Ford introdujo la cadena de montaje a sus talleres, el Ford Model T bajó en precio de $12.000 a $290. De la cadena de montaje se ha pasado a la automatización. Por fin las máquinas han reemplazado casi totalmente a los hombres y a las cadenas de montaje.

Todo este progreso ha llevado a la producción en serie lo cual ha permitido ofrecer a los consumidores más productos a mejor precio. Fácilmente se puede ver esta diferencia si se comparan los precios de la ropa hecha a la medida con la ropa de producción en serie. Hoy el empleo de la informática es más y más frecuente. Los robots y otras máquinas son dirigidos por computadoras.

Mejoramiento del rendimiento y de la calidad

Control de materiales Se puede mejorar el rendimiento en otras áreas que no sean la de la producción. Es muy importante, por ejemplo, el control del inventario. No es solamente cuestión de saber la cantidad exacta de materiales y de existencias, sino de saber también donde se encuentran. Además, hay que cuidar de su condición o estado, ya que un producto dañado no vale nada. El mayor problema es decidir la cantidad de materiales y existencias que se debe almacenar. Grandes existencias permiten la satisfacción de la demanda inmediata, pero los costos de almacenaje son altos. Por otra parte, una insuficiencia de materiales puede costarle caro a la empresa; hasta podría ocurrir un cese de producción. Es aquí donde la informática resuelve el problema. Hay unos cuantos sistemas para el control del inventario que permiten saber cuándo se necesitarán ciertos materiales y la cantidad que se necesitará. Así se puede reducir las existencias. Sin embargo, estos sistemas no pueden funcionar debidamente si los empleados no entran los datos a diario y con regularidad.

Control de calidad Las corporaciones norteamericanas se están dando cuenta de que la productividad y la eficiencia no son bastante. De igual importancia es la calidad. Desde los años 70, una tercera parte del mercado automovilístico ha sido dominado por los japoneses. El precio de los autos norteamericanos subió hasta un 25% para cubrir los costos debidos a la calidad inferior del producto— inspecciones, reparaciones, pleitos legales. La industria norteamericana ha pagado caro la falta de atención a la calidad. Pero eso ha cambiado y actualmente las empresas controlan rigurosamente la calidad de su producto.

La manera tradicional ha sido la prueba al azar—un artículo de cada diez, por ejemplo—y de preparar un informe detallado sobre los resultados. Pero se ha visto que no es suficiente probar sólo el producto final. También hay que asegurarse desde el principio que la fabricación se lleve a cabo[1] bajo las mejores condiciones posibles y que las herramientas[2] y las máquinas sean perfectamente idóneas para las tareas a las que se destinan. Más que solamente controlar la calidad, se trata de asegurar la calidad del producto. En ciertas industrias las operaciones de manufactura son tan complejas que habría que tener miles de pruebas para asegurar la calidad en todos los niveles. En ellas se emplea un proceso de control por estadísticas que parte del mismo principio que el método empleado para los sondeos de opinión. Si se selecciona una parte representativa, se puede tener una idea aproximada del total.

Relaciones humanas Las condiciones de trabajo son muy importantes, y las corporaciones buscan cómo hacerlas las mejores posibles. Se preocupan por la ergonomía, una ciencia que estudia las condiciones de trabajo y cómo se relacionan el trabajador y la máquina.

Aunque se habla del rendimiento sobre todo con respecto a las industrias que fabrican productos, las industrias de servicios también emplean los mismos métodos de trabajo. Los hoteles, las agencias de alquiler de autos, los servicios de contabilidad, etc., han adaptado el principio de la cadena de montaje a sus propias necesidades.

Control de la producción

Por producción se entiende el conjunto[3] de actividades que permiten la producción de bienes materiales y que aseguran los servicios. La administración de la producción y de las operaciones es un área que se desarrolla rápidamente en las empresas. Como todo tipo de administración, se trata de la planificación, la organización, la dirección y el control. El control de la producción varía de empresa en empresa. No obstante hay cinco pasos que se reconocen.

---

[1]*is carried out*   [2]*tools*   [3]*combination*

Planificación El director de producción recibe de los ingenieros las listas que indican todos los materiales, el equipo y las máquinas y la mano de obra que se requiere para fabricar cierta cantidad de artículos. Su responsabilidad es, entonces, determinar lo que tiene que pedir, cuántas personas y cuánto tiempo se tendrá que dedicar y cuáles serán los costos de instalación.

Encaminamiento Ahora viene el ordenamiento de las operaciones. Se determina el orden en que se efectuarán las diferentes tareas. Esto depende, por supuesto, de las facilidades y talleres[4] disponibles en la fábrica o planta. Para ayudar en la tarea de ordenamiento de operaciones se vale de (emplea) los planos de la planta física.

Plan de ejecución En el ordenamiento hay que considerar siempre el factor tiempo. El director de producción decide cuándo comenzará y cuándo terminará cada operación.

Despacho o distribución de tareas En esta etapa, el director distribuye las tareas con el calendario que indica cuándo cada una debe completarse. El director también les informa a sus superiores.

Seguimiento y control Por último, el director se asegura de que las operaciones se efectúan sin problemas. El está listo para cualquier eventualidad, el mal funcionamiento de una máquina, por ejemplo, o la falta de materiales. El está preparado para rectificar cualquier error suyo en la planificación. El control de calidad a cada paso asegura que el producto terminado se conforme a las normas establecidas.

Igual que en muchas áreas, la producción de bienes y servicios se ve completamente transformada por la informática. Las computadoras controlan la marcha de las operaciones eficazmente… siempre y cuando se les haya dado datos válidos.

---

[4]workshops

ESTUDIO DE PALABRAS

Ejercicio 1 Study the following cognates that appear in this chapter.

la tecnología	el robot	la parte
la revolución industrial	la computadora	la ergonomía
el incremento	el control	el método
la máquina	los materiales	la operación
el número	el inventario	la planificación
la estandarización	la cantidad	la dirección
la producción	la condición	la lista
la invención	la satisfacción	el artículo
el efecto	la demanda	la planta física
el costo	la insuficiencia	la eventualidad
la automatización	la calidad	el estado
las relaciones humanas	la productividad	el factor
el progreso	la inspección	el producto

reducido	reemplazar	indicar
específico	operar	requerir
inmediato	resolver	distribuir
aproximado	controlar	completar
válido	seleccionar	rectificar

Ejercicio 2   Match the word in Column A with its definition in Column B.

A	B
1. controlar	a. emplear, servirse de
2. insuficiente	b. más o menos
3. aproximado	c. disminuir, bajar
4. utilizar	d. ejercer el control
5. comparar	e. no bastante
6. reducir	f. estudiar o determinar las diferencias
7. el inventario	y las semejanzas
8. la condición	g. el estado
9. incrementar	h. lo que cuesta
10. el costo	i. corregir
11. completar	j. terminar
12. rectificar	k. las existencias que quedan
	l. aumentar, subir

Ejercicio 3   Give the verb form for each of the following nouns.

1. la planificación	9. el costo
2. el control	10. el reemplazo
3. la distribución	11. la operación
4. la inspección	12. la indicación
5. la resolución	13. la satisfacción
6. la producción	14. la rectificación
7. la reducción	15. el requisito
8. la organización	

Ejercicio 4   Match the English word or expression in Column A with its Spanish equivalent in Column B.

A	B
1. materials management	a. el procedimiento
2. to store, stock, warehouse	b. los costos de instalación
3. inventory control	c. el control de materiales
4. damaged	d. la reparación
5. productivity	e. almacenar
6. efficiency	f. dañado
7. quality control	g. el sondeo de opinión
8. quality assurance	h. las piezas
9. process	i. el control de inventario
10. random testing	j. la productividad

11. opinion poll
12. set-up costs
13. production stoppage
14. repair
15. parts

k. el cese de producción
l. el control de calidad
m. el aseguramiento de calidad
n. la eficiencia
o. la prueba al azar

Ejercicio 5   Tell the topic being discussed or what the person wants to do.

1. Hay que tener siempre disponibles los materiales necesarios en cantidades adecuadas para no interferir con la productividad.
2. Hay que saber qué existencias hay y dónde están colocadas o almacenadas.
3. Hay que saber la opinión que tiene el público del producto que ofrecemos.
4. Hay que probar una muestra del producto para determinar si existen desperfectos.
5. Es necesario tener un sistema de procedimientos que asegure que el producto satisfaga al público.
6. Es necesario tenerla o ejercerla para realizar el mejor rendimiento posible de un recurso.
7. Es imposible probarlos todos pero debemos probar por lo menos uno de cada diez.
8. El método que se emplea para realizar el resultado que se desea.
9. Hay que determinar lo que costará iniciar el proyecto—el costo de los materiales, la maquinaria, etc.
10. Le falta lo que necesita para repararlo.

Ejercicio 6   Complete each statement with the appropriate word(s).

1. Lo tiene que reparar porque está _____.
2. Quiere hacer las _____ pero no puede porque le faltan las _____ de recambio (repuesto) que necesita.
3. Si no quedan materiales para continuar fabricando el producto, será necesario tener un _____.
4. No tienen una muestra específica. Lo van a probar al _____.
5. Si quiere saber lo que piensa la gente, debe conducir un _____.

Ejercicio 7   Match the English word or expression in Column A with its Spanish equivalent in Column B.

A	B
1. data	a. el puesto de trabajo
2. computer science	b. la computadora, el ordenador
3. computer	c. la automatización
4. yield, output	d. el rendimiento
5. assembly line	e. la tarea específica
6. work station	f. la mecanización
7. mechanization	g. idóneo
8. specific task, job	h. los datos
9. assembly-line work	i. el costo de producción

10. automation
11. mass production
12. manufacturing cost
13. suitable, appropriate

j. la informática
k. el trabajo de cadena de montaje
l. la cadena de montaje
m. la producción en serie

Ejercicio 8   Select the appropriate word(s) to complete each statement.
1. Las empresas siempre quieren mejorar _____.
   a. el inventario   b. la maquinaria   c. el rendimiento
2. La _____ tiene muchos puestos de trabajo donde cada obrero tiene una tarea específica.
   a. mecanización   b. cadena de montaje   c. producción en serie
3. _____ ha reducido la demanda de la mano de obra.
   a. La tarea específica   b. El costo de producción
   c. La automatización
4. En la cadena de montaje cada obrero tiene su _____.
   a. máquina   b. rendimiento   c. tarea
5. Se critican mucho las cadenas de montaje porque _____ es un trabajo aburrido (monótono).
   a. la informática   b. el trabajo en la cadena   c. la automatización
6. _____ precedió (antecedió) a la automatización.
   a. La mecanización   b. La informática   c. El robot
7. _____ comprende todos los gastos incurridos en la fabricación de un producto terminado.
   a. El costo de producción   b. El rendimiento
   c. La producción en serie
8. Hoy día _____ controlan el buen funcionamiento de las operaciones.
   a. los obreros mismos   b. las computadoras   c. las estadísticas
9. ¡Punto esencial! Hay que asegurar que _____ que se introducen en la computadora sean los correctos.
   a. los obreros   b. las tareas   c. los datos
10. Hay que asegurar también que las máquinas sean perfectamente _____ para las tareas a las que se destinan.
   a. idóneas   b. reducidas   c. controladas

Ejercicio 9   Match the English word or expression in Column A with its Spanish equivalent in Column B.

A	B
1. work conditions	a. el encaminamiento
2. ergonomics	b. dirigir
3. production control	c. las condiciones de trabajo
4. production management	d. el plan de ejecución
5. to direct	e. el seguimiento y el control
6. production planning	f. el control de producción
7. routing	g. la administración de producción

8. operations sequence
9. scheduling
10. follow-up and control
11. legal suit
12. dispatching

h. el ordenamiento de operaciones
i. la ergonomía
j. la planificación de producción
k. el despacho
l. el pleito legal

Ejercicio 10   Select the term being described.
1. el orden en que se efectuarán las diferentes tareas
   (la planificación / el encaminamiento)
2. la determinación del tiempo que tardará cada operación
   (la planificación / el plan de ejecución)
3. la determinación de todos los materiales, máquinas, mano de obra, costos
   de instalación que se incurrirán en la producción de cierta cantidad de
   artículos
   (la planificación / el despacho)
4. la distribución de las tareas
   (el seguimiento y el control / el despacho)
5. el conjunto de los estudios e investigaciones sobre la organización del
   trabajo y las relaciones entre el ser humano y la máquina
   (las condiciones de trabajo / la ergonomía)

COMPRENSION _____

Ejercicio 1   Answer.
1. La mecanización no ha reemplazado enteramente a los trabajadores. ¿Por
   qué no?
2. ¿Qué invención ha tenido mucho efecto en la industrialización? ¿Por qué?
3. Hoy en día, ¿qué se emplea más y más?
4. ¿Qué les ha permitido a las empresas ofrecer a los consumidores productos
   a mejor precio?
5. ¿Por qué perdieron mucho de su mercado las empresas automovilísticas
   norteamericanas?
6. ¿Quiénes han llegado a dominar este mercado?
7. ¿Cuál es la diferencia entre el control de la calidad y el aseguramiento de
   la calidad?
8. ¿Qué es la ergonomía?
9. ¿Quién prepara las listas que indican lo que se necesitará para producir un
   producto nuevo?
10. ¿Qué está transformando actualmente la producción de bienes y servicios?

Ejercicio 2   True or false?
1. El trabajo en la cadena de montaje es muy variado e interesante.
2. El empleo de la cadena de montaje ha reducido el tiempo necesario para la
   fabricación y ha resultado en una baja (disminución) en los costos de
   producción.

3. La única área en que se puede mejorar el rendimiento es en la tecnología.
4. Si a la empresa no le quedan materiales de producción, tendrán que declarar un cese de producción, lo que resultará en una pérdida de rentas (ingresos).
5. Los ingenieros no tienen nada que ver con la planificación de un producto.
6. No hay ninguna diferencia entre el encaminamiento y el despacho.
7. El despacho decide el orden en que se efectuarán las distintas tareas u operaciones.
8. El encaminamiento precisa el período de tiempo necesario para cada etapa o paso de la operación.
9. Hay que estar siempre dispuesto a rectificar un error en la planificación o en la producción.

Ejercicio 3   Match the job with the section.

      el control de materiales   las relaciones humanas
      el control de calidad   el control de la producción

1. Sabe la cantidad exacta de existencias.
2. Se asegura de que el producto terminado no esté defectuoso y que satisfaga los deseos del público.
3. Determina la cantidad de materiales, etc., que hay que pedir y almacenar.
4. Prueba el producto al azar para ver si existen defectos.
5. Planifica, organiza, dirige y controla cada producto.
6. Vigila la condición y el estado de las existencias.

Capítulo 9
CONTABILIDAD Y FINANCIAMIENTO EMPRESARIALES

La contabilidad es un sistema que emplean las empresas para medir y controlar su rendimiento financiero, registrando todas las ventas, compras u otras transacciones. Hay dos tipos de contabilidad. La contabilidad financiera tiene como objetivo proveer información sobre la empresa para quienes la quieran evaluar. El estado financiero se prepara según un sistema estándar, que es el mismo para todas las empresas. La contabilidad administrativa, aunque varía de empresa en empresa, tiene como objetivo ayudar a la dirección a evaluar el rendimiento de la empresa y a tomar decisiones apropiadas.

Las operaciones contables normalmente son las siguientes: (a) una transacción (venta, compra, préstamo, etc.) se efectúa; (b) el contable la registra en el diario, un libro de cuentas donde se registran todas las transacciones todos los días; (c) estas entradas se analizan después y se clasifican según diferentes tipos de cuentas: activos, rentas, gastos, pasivos; (d) se transfieren a un libro mayor donde se muestran todas las transacciones financieras durante un período dado, normalmente un año. Todos los datos sirven entonces para preparar una serie de documentos: los presupuestos, los estados financieros, las hojas de balance, los estados de resultados. La dirección general de la empresa examina estos documentos al tomar las decisiones que le corresponden. Los documentos sirven también en la preparación de los estados financieros destinados al público.

Para los dos tipos de contabilidad, hay dos clases de contables, los contables públicos y los contables privados. Los contables públicos no dependen de las empresas, asociaciones o individuos a los que sirven. Ellos preparan los estados financieros tanto para las pequeñas como para las grandes empresas. Solamente los contables que aprueban un examen a nivel estatal pueden llamarse «contables públicos certificados» o «contadores públicos titulados».

Elementos de la contabilidad

Desde siglos, las empresas comerciales y los gobiernos han registrado sus activos, las cosas de valor que poseen (el oro, los granos[1], etc.) y sus pasivos, las

---

[1] *grains*

cosas que ellos les deben a otros. De hecho, uno no puede ser rico si su pasivo es superior a su activo. Lo que queda es lo que se llama «capital» o «patrimonio». Por ejemplo:

$$\begin{array}{lr} \text{Activo} & \$100.000 \\ \text{Pasivo} & - \quad 30.000 \\ \text{Patrimonio} & \$ \quad 70.000 \end{array}$$

$$\begin{array}{l} \text{Activo} = \text{pasivo} + \text{patrimonio} \\ \$100.000 = \$30.000 + \$70.000 \end{array}$$

De cualquier manera, activo, pasivo y patrimonio se equilibran. Los dos miembros de la ecuación son iguales. Para llegar a esta meta, los contables emplean el sistema de doble partida. Con este sistema, toda transacción se somete a una entrada doble.

Estados financieros

Para simplificar el trabajo de los administradores que tienen que estudiar la situación financiera de la empresa en un momento dado, los contables preparan informes que resumen todas las transacciones que se han efectuado.

Hoja de balance La hoja de balance permite ver en seguida la situación financiera de la empresa. La mayoría de las empresas preparan una hoja de balance todos los años a fines de año, pero algunos prefieren el año fiscal como período contable. En la hoja de balance se presentan las cuentas de activo donde figuran los activos circulantes (corrientes) (los fondos que están inmediatamente disponibles[2]): el efectivo líquido; los valores circulantes, acciones o títulos; las cuentas por cobrar, lo que los clientes le deben a la empresa; los pagarés, obligaciones de pagar cierta suma más intereses en determinada fecha; las mercaderías para la venta o en vías de transformación y los gastos pagados con anticipación.

En las cuentas de activo también figuran los activos fijos: equipo, inversiones a largo plazo en planta, muebles[3], maquinaria, etc. Los que no son eternos (como es la tierra) pueden depreciarse o amortizarse. Figuran también los activos intangibles como las patentes de invención, marcas registradas, derechos de autor, etc.

Los pasivos que se llevan son el pasivo exigible (corriente), la deuda que tiene la corporación con sus inversionistas y proveedores: las cuentas por pagar, generalmente con un plazo de 30 días; los pagarés; los gastos por pagar como salarios y los bonos o las obligaciones a largo plazo. El patrimonio también figura en las cuentas de pasivo.

Estado de resultados Este estado muestra todas las ventas, las compras y los gastos. Se restan los gastos de los ingresos y se determina si hay una pérdida o una ganancia, es decir, la renta neta, que se distingue de la renta bruta.

---

[2]*available*   [3]*furniture*

Estado del flujo de efectivo Además de la hoja de balance y el estado de resultados, la mayoría de las empresas preparan también un estado de flujo de efectivo. Es un medio efectivo para juzgar la situación financiera de una empresa, sabiendo la facilidad con que puede pagar sus obligaciones a corto plazo.

Análisis de tendencias y razones En fin, el estado financiero provee numerosos datos que pueden ser empleados para preparar los análisis de tendencias, de comparaciones entre distintas corporaciones dentro de una misma industria. Es igual para los análisis de razones. Se comparan dos factores, tales como las ventas y los activos. Se obtiene un porcentaje o razón con el que se puede comparar este año con los años anteriores o con los competidores. Son valiosos índices de rendimiento en cuanto al buen funcionamiento de la empresa. La razón de rentabilidad es un ejemplo. Pero hay también razones de liquidez que indican la habilidad para pagar la deuda a corto plazo, algo que les interesa a los acreedores.

El capital contable de una corporación, es decir, el activo circulante menos el pasivo exigible no es, en realidad, representativo de la situación financiera de la empresa. Se utiliza la razón actual, el activo circulante dividido por el pasivo exigible. Algunas empresas prefieren usar la razón de patrimonio actual que no toma en cuenta los inventarios.

Estructura financiera

Es muy importante para una empresa determinar una política de financiamiento. Debe decidir cuáles serán las fuentes de financiamiento a corto plazo y a largo plazo, es decir, la utilización de pagarés y otros préstamos y la emisión de acciones y títulos.

Crédito a corto plazo Hay varios tipos de crédito a corto plazo, entre 3 y 270 días. Lo más común es un plazo de 60 días para el pago de mercancías.

Crédito a largo plazo Puede ser en forma de préstamos, pero también en forma de obligaciones. Las empresas que deciden en la deuda a largo plazo pueden emitir obligaciones, es decir, un reconocimiento de deuda por parte de la empresa a favor de los acreedores. Estas obligaciones son títulos negociables que se cotizan en la Bolsa de Valores.

ESTUDIO DE PALABRAS

Ejercicio 1 Study the following cognates that appear in this chapter.

la planta	el factor	el documento
la patente	el porcentaje	la preparación
la invención	el índice	el interés
el salario	el funcionamiento	el dividendo
la facilidad	el sistema	la ecuación
los datos	la transacción	la situación
el análisis de tendencias	el objetivo	la habilidad
la corporación	la información	

financiero	depreciar	clasificar
público	amortizar	transferir
privado	comparar	equilibrar
fiscal	controlar	simplificar
eterno	evaluar	resumir
estándar	analizar	

Ejercicio 2   Match the word or expression in Column A with its definition in Column B.

A	**B**
1. la categoría	a. como se hace
2. variar	b. determinar el valor
3. analizar	c. la acción de hacer algo de la misma
4. el sistema	manera en todas partes
5. evaluar	d. clase o grupo de la misma naturaleza
6. simplificar	(de la misma índole)
7. resumir	e. de siempre
8. eterno	f. la capacidad (habilidad) de convertir
9. la liquidez	en efectivo las inversiones
10. transferir	g. la proporción
11. el interés	h. los informes, la información
12. los datos	i. el sueldo, el pago, la remuneración
13. el porcentaje	j. rendir de una manera más corta,
14. el salario	preparar una sinopsis
15. un sistema estándar	k. copiar o tomar algo de un lugar para
	ponerlo en otro
	l. lo que pagan los bancos
	m. hacer más fácil, más sencillo, más
	simple
	n. estudiar o examinar detalladamente
	(minuciosamente)
	o. cambiar

Ejercicio 3   Match the verb in Column A with its noun form in Column B.

A	**B**
1. depreciar	a. la invención
2. amortizar	b. la depreciación
3. liquidar	c. el equilibrio
4. inventar	d. el análisis
5. analizar	e. la amortización
6. equilibrar	f. la liquidez, la liquidación

Ejercicio 4 Match the English word or expression in Column A with its Spanish equivalent in Column B.

A	B
1. accounting	a. el contable
2. accountant	b. el contable público
3. financial accounting	c. la contabilidad
4. management accounting	d. el contable privado
5. financial statement	e. el contable público certificado
6. balance sheet	f. la contabilidad financiera
7. income statement (P&L)	g. la contabilidad administrativa
8. public accountant	h. la hoja de balance
9. private accountant	i. el estado financiero
10. CPA	j. el estado de resultados

Ejercicio 5 Complete each statement with the appropriate word(s).

1. _____ es un sistema que se emplea para medir, describir y controlar las actividades económicas y financieras.
2. El contable que es empleado de una empresa es un _____.
3. Y el que no es responsable a ninguna empresa ni asociación es un _____.
4. Hay que aprobar un examen estatal antes de ser un _____.
5. La contabilidad _____ ayuda a los directores o administradores a evaluar el funcionamiento y los resultados de su empresa antes de tomar decisiones financieras.
6. _____ indica el resultado positivo o negativo en las actividades financieras de una empresa. Es un documento que representa todos los activos *(assets)* y pasivos *(liabilities)*.
7. Hay muchos tipos de _____ financieros.
8. A fin de año muchas grandes empresas preparan _____ para el público—sobre todo para sus accionistas.

Ejercicio 6 Match the English word or expression in Column A with its Spanish equivalent in Column B.

A	B
1. to register, post, enter	a. resumir
2. daily ledger, journal	b. el libro mayor
3. ledger	c. el sistema contable de doble partida
4. account	d. las ganancias y pérdidas
5. to transfer	e. la cuenta
6. to review, condense	f. el período contable
7. double-entry accounting system	g. las cuentas por cobrar
8. accounts payable	h. las cuentas por pagar, el pasivo exigible
9. accounts receivable	
10. budget	i. registrar

11. accounting period
12. profit and loss

j. transferir
k. el diario
l. el presupuesto

Ejercicio 7   Give the word or expression being defined.
 1. poner o anotar en el diario cada transacción
 2. un libro en el cual aparecen todas las cuentas de la empresa
 3. el libro en el cual se registran las transacciones de la empresa el día en que se efectúan
 4. lo que ha perdido la empresa
 5. lo que ha ganado la empresa
 6. lo que la empresa tiene que pagar; las notas, las facturas que todavía no ha pagado
 7. el dinero debido a la empresa; las facturas que no han sido pagadas por los clientes de la empresa
 8. copiar una transacción del diario en el libro mayor
 9. el documento que indica los gastos que se piensan incurrir; suele indicar también las rentas (los ingresos) que se piensan recibir
10. un período de tiempo dado por el cual se cierran las cuentas para preparar estados financieros y otros documentos contables

Ejercicio 8   Study the Spanish equivalent for each of the following important accounting and financial terms.

capital   el capital
stockholders' equity   el capital patrimonial, el patrimonio
stocks and bonds   los valores (mobiliarios)
stocks   las acciones
bonds   los títulos, los bonos, las obligaciones
promissory note   el pagaré
fixed assets los activos fijos
current assets   los activos circulantes (corrientes)
tangible assets   los activos tangibles
intangible assets   los activos intangibles
expenses to be paid   los gastos a pagar, el pasivo exigible
prepaid expenses   los gastos pagados con anticipación
amortization   la amortización
depreciation   la depreciación
profitability   la rentabilidad
profitability ratio   la razón de rentabilidad
liquidity ratio   la razón de liquidez
cash flow   el flujo de efectivo
securities, negotiable instruments   los títulos negociables
loan   el préstamo
Stock Market   la Bolsa (de Valores), el Mercado de Valores

to be quoted   cotizarse
quote   la cotización
sources of financing   las fuentes de financiamiento
to issue   emitir
issuance   la emisión

Ejercicio 9   Select the term being described.

1. el total (monto) de las deudas que tiene un individuo o una empresa; es decir, todo lo que se debe
   (los activos / los pasivos)
2. los valores, las ganancias, los bienes raíces *(real estate)*, el equipo que tiene la empresa o el individuo
   (los activos / los pasivos)
3. el capital que se puede vender y liquidar (convertir) en efectivo en un `período corto de tiempo
   (los activos circulantes / los activos fijos)
4. el capital o los recursos que uno tiene pero que no se pueden convertir en efectivo en seguida tales como los bienes raíces y el equipo
   (los activos circulantes / los activos fijos)
5. la capacidad de realizar beneficios o ganancias
   (la rentabilidad / el flujo de efectivo)
6. los productos como los bienes raíces y el equipo
   (los bienes o los activos tangibles / los bienes o los activos intangibles)
7. los bienes tales como los derechos del autor, las patentes, las marcas registradas
   (los bienes o los activos tangibles / los bienes o los activos intangibles)
8. la entrada y salida de efectivo
   (el flujo de efectivo / el activo)
9. los gastos que ya se han pagado
   (los gastos por pagar / los gastos pagados con anticipación)
10. los gastos que no se han pagado
    (los gastos por pagar / los gastos pagados con anticipación)
11. las acciones, los títulos
    (los valores / los bienes raíces)
12. el documento que representa una unidad de propiedad en una empresa
    (el título / la acción)
13. lo que hace una empresa para recaudar (obtener) fondos para financiar proyectos
    (pagar dividendos / emitir títulos u obligaciones)

Ejercicio 10   Match the English word or expression in Column A with its Spanish equivalent in Column B.

A	B
1. registry, entry, posting	a. a largo plazo
2. investment	b. la renta

3. long-term
4. short-term
5. income
6. net income
7. gross income
8. profit
9. creditor
10. debtor

c. las ganancias, los beneficios, las rentas
d. el registro
e. la renta neta
f. la inversión
g. a corto plazo
h. el deudor
i. la renta bruta
j. el acreedor

Ejercicio 11   Match the word or expression in Column A with its definition or related idea in Column B.

A
1. la renta bruta, el ingreso bruto
2. la renta neta, el ingreso neto
3. el acreedor
4. la renta
5. el deudor
6. una inversión a largo plazo
7. las ganancias, los beneficios
8. una inversión a corto plazo

B
a. una persona que le debe dinero a otro
b. una inversión que hace una persona joven para su retiro
c. el dinero que se recibe de cualquier fuente
d. una inversión de 90 días
e. todo el dinero que se recibe sin contar ni restar los gastos que se incurren para recibir o ganar el dinero
f. el dinero que queda después de pagar todos los gastos y otras obligaciones
g. los ingresos realizados por un producto sin los costos de producción
h. una persona a quien se le debe dinero

COMPRENSION

Ejercicio 1   Answer.
1. ¿Qué es la contabilidad?
2. ¿Cuál es el propósito de la contabilidad financiera?
3. ¿Cuál es el propósito de la contabilidad administrativa?
4. ¿En qué registra el contable o el tenedor de libros (*bookkeeper*) cada transacción?
5. ¿Cuándo lo hace?
6. ¿Cómo se clasifican las transacciones?
7. Y luego, ¿adónde se transfieren?
8. ¿Por qué son importantes todos estos datos financieros?
9. ¿Qué son activos?
10. ¿Qué son pasivos?
11. ¿Qué es la contabilidad de doble partida?
12. ¿Qué preparan los contables para facilitar el trabajo de los administradores (directores)?

13. ¿Qué hacen los administradores con todos los estados que preparan los contables?
14. ¿Cuándo preparan las empresas una hoja de balance?
15. ¿Qué se puede hacer con los informes que se encuentran en el estado financiero?

Ejercicio 2   Select into which category or categories each item falls.

los activos circulantes   los activos tangibles
los valores   los activos intangibles
los activos fijos   las cuentas por pagar

1. el efectivo
2. los derechos del autor
3. una factura que no se ha pagado
4. una patente
5. los gastos pagados con anticipación
6. la oficina
7. la fábrica
8. una acción
9. una obligación
10. las existencias, el inventario

Ejercicio 3   True or false?
1. El contable público trabaja para una empresa grande, no para una asociación pequeña.
2. Los activos son los pasivos más el capital patrimonial.
3. Los bienes tangibles son productos que se pueden ver y tocar.
4. Las inversiones a largo plazo en bienes raíces y equipo, por ejemplo, son activos circulantes.
5. Las razones les permiten a los administradores comparar los resultados de su empresa con los de otras—sus competidores.
6. Las razones de liquidez indican la rentabilidad de la empresa.
7. Los estados financieros y las razones interesan mucho a los acreedores de la empresa.
8. El estado de resultados indica las ventas, restando las compras y los gastos para determinar si existen ganancias o pérdidas.
9. El estado de resultados nos permite distinguir entre la renta bruta y la renta neta.

Ejercicio 4   In your own words, explain each of the following terms.
1. el libro mayor
2. el estado de resultados

Ejercicio 5   Compare the following.
1. el diario y el libro mayor
2. la hoja de balance y el estado de resultados

Capítulo 10
BANCA Y BOLSA

Banca

La mayoría de las personas reciben un sueldo; ellos usan su dinero para comprar bienes y servicios. Todas estas operaciones financieras se efectúan por medio de los bancos. Hay diferentes tipos de bancos.

Bancos de depósito Los individuos o los comerciantes abren una cuenta. Hacen un depósito inicial y reciben una chequera o talonario. La cuenta puede abrirse a nombre de una persona o a nombre de varias personas. El cliente puede entonces retirar su dinero con cheques a favor suyo o de otras personas. Para ingresar dinero en su cuenta el titular de la cuenta llena una hoja de ingreso. Obviamente, la cuenta debe mostrar un saldo de haber. Los bancos envían con regularidad un estado de cuenta que indica el estado de la cuenta en un momento dado. En los EE.UU. hay dos tipos de bancos, los bancos nacionales y los bancos estatales. Hay 4.870 bancos nacionales y 9.267 bancos estatales.

Bancos de crédito y ahorro Como su nombre indica, estos bancos ofrecen crédito a aquéllos que lo piden. Hay bancos de tipo mutualidad: cooperativos que ofrecen cuentas corrientes, cuentas de crédito, tarjetas de crédito y préstamos.

Bancos comerciales Estos bancos invierten su capital en el financiamiento de grandes empresas. Ellos se especializan en las inversiones en la Bolsa o el Mercado de Valores.

Cajas de ahorro (cooperativas) Son instituciones casi siempre benéficas que reciben depósitos pequeños y pagan intereses.

Caja Postal En España ésta es una caja de ahorros bajo el control del gobierno.

Servicios bancarios

Los bancos pueden emitir cheques con garantía de pago; son cheques certificados. También pueden permitir al cliente escribir cheques con crédito si faltan fondos en la cuenta, si tiene la cuenta al descubierto. Pueden pagarle al cliente sus cuentas de gas, electricidad o agua. Uno de los servicios más populares es el de las tarjetas de crédito y de cheques de viajero.

Terminología bancaria La persona que escribe un cheque es el librador. El puede escribir un cheque a nombre de otra persona, el beneficiario. Si el cheque no lleva nombre de beneficiario, es un cheque al portador. Endosar un cheque es firmar el cheque para cobrar. En España un cheque cruzado lleva dos líneas diagonales paralelas al anverso entre los cuales se indica el nombre del banquero o de la sociedad por medio de los cuales se hace efectivo. En Francia y otros países bastan las dos líneas diagonales paralelas sin otra indicación.

Bolsa

La Bolsa es un mercado donde se negocian mercancías, servicios o valores mobiliarios. La Bolsa es un mercado, pero un mercado sin objetos materiales que vender. Las transacciones bursátiles tienen que ver con productos intangibles. Se puede pensar en la Bolsa como el barómetro de la economía. Los precios de los valores mobiliarios suben o bajan según la oferta y la demanda y también por otros factores tales como los acontecimientos[1] políticos y la situación internacional. Las Bolsas más importantes son las de Nueva York, Tokio, Londres y París. Pero hay también Bolsas en otras grandes capitales como las de Madrid, Amsterdam y Estocolmo, y Bolsas regionales como las de Barcelona y Bilbao, Chicago y Filadelfia.

La Bolsa Agropecuaria y la Bolsa de Metales Preciosos Como indican los nombres, en estas Bolsas se negocian productos agrícolas, carnes y pescado en grandes cantidades, y metales preciosos como el oro, la plata[2] y el platino[3]. Los corredores son los intermediarios entre los compradores y los vendedores. Ellos registran oficialmente los precios a los que se cotizan los productos. Este es el sistema en España. En los EE.UU. todos esos productos se negocian en la Bolsa de Comercio.

La Bolsa de Valores Aquí es donde se venden los valores mobiliarios, es decir, los títulos emitidos por las grandes empresas del sector privado o de los organismos del sector público. Todas las transacciones se efectúan por intermediarios, los corredores o agentes de Bolsa que reciben una comisión. Un índice bursátil deja conocer rápidamente la tendencia general de la Bolsa, si está en alza o en baja. En los EE.UU. es el Dow Jones del *Wall Street Journal*. Este índice se basa en los 30 valores más importantes en la Bolsa de Nueva York. En España es el índice Vanguardia basado en los 82 valores más importantes de Barcelona y Madrid; en Tokio es el Nikkei.

Los valores mobiliarios son de dos tipos. Las acciones ordinarias representan cada una una fracción del capital de una empresa. Los accionistas—los que tienen acciones ordinarias—reciben dividendos, un porcentaje de los beneficios de la empresa. Pero si no hay beneficio o ganancia, no hay dividendo. En el caso de pérdida o liquidación de la empresa, se les paga a los accionistas según el reglamento de liquidación de pasivo. Las acciones preferenciales dan al accionista unos dividendos fijos. Se les paga dividendos a los titulares de acciones preferenciales antes de que se distribuyan los dividendos a los que poseen acciones ordinarias. Por eso los que tienen acciones preferenciales se exponen a menos riesgo que los que tienen acciones ordinarias. Pero con frecuencia, los dividendos que se reciben por acciones ordinarias son superiores a los de las preferenciales.

En los EE.UU. las operaciones bursátiles son controladas por una agencia del gobierno federal, la *Securities and Exchange Commission.*

---

[1] *happenings, events*   [2] *silver*   [3] *platinum*

ESTUDIO DE PALABRAS

Ejercicio 1   Study the following cognates that appear in this chapter.

el banco	inicial	negociar
el depósito	nacional	efectuarse
el individuo	estatal	recibir
el crédito	comercial	basarse
el capital	certificado	controlar
el cheque	agrícola	
el anverso		
la industria		
el dividendo		

Ejercicio 2   Match the English word or expression in Column A with its Spanish equivalent in Column B.

A	B
1. bank	a. cobrar
2. check	b. el depósito inicial
3. checking account	c. la chequera, el talonario
4. checkbook	d. una cuenta en (al) descubierto
5. to open an account	e. a favor de
6. opening deposit	f. el banco
7. to write a check	g. el cheque
8. to the order of	h. el titular
9. deposit slip	i. la cuenta corriente
10. balance	j. el librador
11. overdrawn account	k. abrir una cuenta
12. bearer	l. escribir un cheque
13. drawer	m. la hoja de ingreso
14. payee	n. el saldo
15. check written to "cash," to the bearer	o. el beneficiario
	p. un cheque al portador
16. to cash	q. ingresar, depositar
17. to endorse	r. endosar
18. to sign	s. firmar
19. to make a deposit	t. el estado de cuenta
20. bank statement	

Ejercicio 3   Select the appropriate word(s) to complete each statement.

1. No quiero pagarlo en efectivo. Lo voy a pagar con _____.
   a. cheque   b. interés   c. préstamo
2. No me queda ningún cheque. Me hace falta _____.
   a. otra cuenta   b. otra chequera   c. otro saldo
3. Es una chequera o _____.
   a. talonario   b. carta de crédito   c. cheque

4. Una cuenta que le permite al cliente escribir cheques es una cuenta
   _____.
   a. al descubierto   b. de crédito   c. corriente
5. Al abrir la cuenta, hay que hacer un _____.
   a. saldo   b. titular   c. depósito inicial
6. Cada vez que se deposita dinero en la cuenta es necesario llenar
   _____.
   a. una carta de crédito   b. una hoja de ingreso   c. un estado de cuenta
7. El banco le envía al cliente _____ mensual.
   a. una carta de crédito   b. una hoja de ingreso   c. un estado de cuenta
8. El _____ que aparece en el estado de cuenta del banco debe
   concordar con el que tiene la chequera del titular de la cuenta.
   a. saldo   b. ingreso   c. talonario
9. _____ no tiene suficientes fondos.
   a. Una cuenta corriente   b. Un estado de cuenta
   c. Una cuenta al descubierto
10. El _____ escribe un cheque.
    a. beneficiario   b. portador   c. librador
11. Un cheque que no está escrito a favor de un individuo o beneficiario
    específico es un cheque al _____.
    a. descubierto   b. librador   c. portador
12. El beneficiario _____ el cheque.
    a. firma   b. escribe   c. cobra
13. Y el beneficiario _____ el cheque antes de cobrarlo.
    a. firma   b. escribe   c. endosa
14. El librador tiene que _____ el cheque.
    a. cobrar   b. firmar   c. endosar

Ejercicio 4   Identify the thing or person.
1. Quiero verificar el saldo de mi cuenta corriente. ¿Qué debo mirar?
2. Escribo cheques para pagar mis facturas. ¿Quién soy? ¿Qué tengo?
3. Acabo de recibir un cheque y lo voy a cobrar en seguida. ¿Quién soy?
4. Yo tengo la cuenta. Es mía. ¿Quién soy?
5. La tengo que llenar antes de hacer un depósito en mi cuenta. ¿Qué es?

Ejercicio 5   Match the English word or expression in Column A with its
Spanish equivalent in Column B.

A	B
1. savings bank	a. el préstamo
2. commercial bank	b. cobrar
3. loan	c. endosar
4. savings account	d. depositar, ingresar
5. interest	e. la caja de ahorros

6. deposit slip
7. passbook
8. to endorse
9. to sign
10. to deposit
11. to withdraw
12. to issue
13. to cash, collect
14. to invest

f. el banco comercial
g. firmar
h. la cuenta de ahorros
i. emitir
j. invertir
k. la hoja de ingreso
l. el interés
m. retirar
n. la libreta

Ejercicio 6   Complete each statement with the appropriate word(s).

1. Si voy a depositar fondos en mi cuenta, debo llenar _____.
2. Si quiero poner una parte de mis ingresos al lado, debo abrir _____.
3. Si quiero escribir un cheque, lo tengo que _____.
4. Antes de cobrar un cheque, lo tengo que _____.
5. Puedo verificar el saldo de mi cuenta de ahorros en mi _____.
6. Una cuenta de ahorros siempre paga _____, una cuenta corriente no siempre.
7. Quiero pedir _____ porque no tengo bastante dinero para comprarme el carro que quiero.
8. Necesito $50. Lo voy a _____ de mi cuenta de ahorros.
9. A mi padre le gusta _____ su dinero en acciones aunque sabe que está corriendo cierto riesgo.
10. Los bancos pueden _____ cheques certificados con garantía de pago.

Ejercicio 7   Match the English word or expression in Column A with the Spanish equivalent in Column B.

A

1. Exchange
2. Stock Exchange
3. Commodities Exchange
4. buyer
5. seller
6. holder, bearer
7. securities (stocks, bonds)
8. share of stock
9. broker
10. on the upside
11. on the downside
12. common stock
13. preferred stock

B

a. los valores (mobiliarios)
b. en alza
c. la Bolsa
d. en baja
e. la Bolsa (de Valores), el Mercado de Valores
f. la Bolsa de Comercio
g. el vendedor
h. el corredor, el intermediario
i. el comprador
j. el titular, el portador
k. la acción
l. la acción preferencial
m. la acción común

Ejercicio 8   Complete each statement with the appropriate word(s).
1. En la _____ en los Estados Unidos venden granos, minerales, etc.
2. El intermediario que vende y compra los granos, los minerales y otras mercancías para sus clientes es _____.
3. La _____ de Nueva York está en Wall Street.
4. _____ son títulos, bonos, acciones, etc.
5. El inversionista tiene muchas _____ en la IBM.
6. El que vende acciones es el _____ y el que las compra es el _____.
7. Por lo general no es ni el vendedor ni el comprador el que efectúa la transacción; es el _____.
8. Hoy han subido los valores. El Mercado está _____.
9. Soy pesimista. Sé que mañana estará _____.

COMPRENSION

Ejercicio 1   Answer.
1. ¿Qué hace la mayoría de la gente con su dinero?
2. ¿Cómo se efectúan estas transacciones?
3. Para abrir una cuenta corriente, ¿qué hay que hacer?
4. ¿Qué recibe el cliente o el titular de la cuenta?
5. ¿A nombre de quién se puede abrir la cuenta?
6. ¿Cómo puede el titular retirar dinero de su cuenta corriente?
7. ¿Qué llena el cliente si quiere hacer un depósito en su cuenta?
8. ¿Qué les envía el banco a los clientes?
9. ¿Qué indica el estado de cuenta?
10. ¿Qué tipo de crédito ofrecen los bancos?
11. ¿Qué hacen los bancos comerciales?
12. ¿Por qué sube y baja el valor de las acciones?
13. ¿Qué es un valor mobiliario?
14. ¿Cómo se efectúan las transacciones de compra y venta en la Bolsa o en el Mercado de Valores?

Ejercicio 2   Follow the directions.
Cite ejemplos de los servicios que ofrecen los bancos.

Ejercicio 3   Identify the following terms.
1. el librador
2. el beneficiario
3. el cheque al portador
4. la Bolsa de Comercio
5. el Mercado de Valores
6. el corredor

Ejercicio 4   True or false?

1. Los acontecimientos políticos y la situación internacional tienen poca influencia en la Bolsa. Sólo los factores económicos afectan los valores.
2. En la Bolsa de Comercio se vende al por mayor y al detal.
3. Cuando los valores suben, el Mercado está en baja.
4. Los accionistas que tienen acciones preferenciales reciben sus dividendos después que los titulares de acciones comunes.
5. El inversionista corre más riesgo al invertir en acciones preferenciales que en acciones comunes.

Capítulo 11
RIESGOS

Toda empresa que lanza un nuevo producto al mercado se arriesga. ¿Tendrá éxito el producto? No hay ninguna garantía. Puede ser que nunca se realicen los beneficios esperados del capital invertido. Este tipo de riesgo es obvio y lleva el nombre de riesgo de explotación. El riesgo de explotación ofrece la probabilidad de realizar un beneficio. También existe otro tipo de riesgo, uno que no ofrece ninguna posibilidad de realizar un beneficio; es el riesgo en su forma más pura, el riesgo imprevisible, el riesgo que da origen a las compañías de seguros. Jamás se puede prever o predecir un incendio, un robo o un terremoto. Un tercer tipo de riesgo es el riesgo financiero. Si el financiamiento de la empresa se basa en los préstamos o las emisiones de obligaciones, entonces para determinadas fechas se tendrá que retirar fondos para pagar la deuda. Así la empresa no tiene en realidad el control sobre los beneficios de explotación, y puede ocurrir que en aquellas fechas el flujo de efectivo no sea suficiente para poder pagar a los acreedores. Mientras mayor sea la deuda, mayor es el riesgo financiero de la empresa. Cuando el riesgo de explotación se ve afectado de esta manera, el riesgo total está entonces en un alto nivel.

Análisis de riesgo

Cuando el administrador toma una decisión que implica algún riesgo, él se basa en las probabilidades. Puede usar su juicio o razonamiento. También puede valerse de datos derivados de antecedentes. Por lo general, el administrador debe estudiar los riesgos que aparecen en estas cuatro áreas: la pérdida de propiedad, sea por destrucción física, por robo de activos tangibles o intangibles; la pérdida de ingresos debido a una disminución en los cobros o a una subida de gastos a causa de un evento imprevisible; las obligaciones jurídicas de los empleados respecto a terceros y la pérdida de personal clave por accidente o muerte.

Tomemos el ejemplo de un fabricante de juguetes[1] que quiere introducir al mercado un osito de pelusa[2]. Primero tiene que ver cómo los niños podrían hacerse daño jugando con el osito. Ellos podrían asfixiarse si tragaran[3] los ojos del osito; podrían tener alguna alergia a los materiales que componen el osito, etc. El fabricante debe, entonces, reconocer todos los posibles defectos que podrían resultar en un accidente. Por ejemplo, él debe poner a prueba todos los materiales para asegurarse de que ninguno podría ser alergeno. Un tercer paso sería el de calcular la suma (el total) de todas las posibles pérdidas.

---

[1] *toys*   [2] *stuffed bear*   [3] *they swallowed*

Control de riesgo

Hay varios procedimientos para minimizar el riesgo. Se puede simplemente tratar de eliminar el riesgo. Normalmente es muy difícil de lograr. Se puede eliminar algunos riesgos, pero no todos. Se puede tratar de reducir la posibilidad de pérdidas. El fabricante de juguetes, por ejemplo, hará probar todos los materiales, vigilará cuidadosamente la producción, se asegurará que el embalaje esté herméticamente cerrado para que nadie pueda alterar o dañar el juguete. La mayor parte de las empresas han instalado sistemas automáticos para la extinción de fuegos en sus fábricas o comercios para así protegerse contra el riesgo de incendio. Es otro ejemplo de un control contra el riesgo. Se puede tratar de reducir el efecto de las pérdidas sufridas. Por ejemplo, si la empresa opera siempre conforme a los reglamentos gubernamentales, evitará el riesgo de denuncias y el pago de multas. Los riesgos se pueden financiar también. La empresa puede apartar fondos para cubrir los riesgos posibles o puede recurrir a una compañía de seguros.

Sin embargo, hay riesgos contra los que se puede asegurar y otros para los que no hay ningún seguro. Se puede conseguir seguro contra un riesgo si el riesgo no está bajo el control del asegurado. En caso de un incendio provocado por el asegurado, la compañía de seguros no pagará. No obstante, la compañía pagaría si el incendio fuera provocado por un empleado del asegurado. Si las pérdidas son calculables y el costo es razonable para la compañía de seguros, también se puede conseguir seguro. Por ejemplo, el número de muertes cada año se puede calcular con bastante precisión, lo cual les permite a las compañías de seguros determinar las primas para los seguros de vida.

Si muchos están expuestos al mismo riesgo, un seguro contra incendio es bastante fácil de conseguir. Por lo contrario, un gran jugador de fútbol que quiere asegurar sus piernas contra fracturas tendrá dificultad en encontrar quien le asegure. El hecho es que un riesgo no es asegurable cuando llega a ser demasiado previsible. A principios de siglo, las compañías de seguros estaban poco dispuestos a asegurar a los pasajeros que viajaban por avión. Hoy, no es así. Es posible conseguir seguro si el riesgo no puede afectar a todos los asegurados al mismo tiempo. Es posible asegurar contra algunas catástrofes naturales como las inundaciones, los huracanes, los tornados y los temblores, pero es imposible asegurar contra una sequía[4].

La empresa puede, entonces, escoger entre distintas opciones para reducir el riesgo. Por lo general la empresa elige una o varias. Es obvio que todo depende del flujo de efectivo neto de la empresa.

---

[4]*drought*

ESTUDIO DE PALABRAS _____

Ejercicio 1   Study the following cognates that appear in this chapter.

el tipo	los fondos	implicar
la garantía	la precisión	introducir
la probabilidad	la catástrofe	asfixiar
el control	el huracán	componer
el análisis	el tornado	resultar
el administrador	la opción	calcular
el antecedente		minimizar
la alergia	obvio	eliminar
el material	suficiente	reducir
el defecto	automático	alterar
el accidente	calculable	instalar
la posibilidad	razonable	eligir
la extinción	natural	
el sistema		

Ejercicio 2   Match the verb in Column A with its noun form in Column B.

A	B
1. eligir	a. el antecedente
2. precisar	b. la precisión
3. extinguir	c. la composición
4. alterar	d. la elección
5. componer	e. el análisis
6. anteceder	f. la extinción
7. analizar	g. la garantía
8. garantizar	h. la alteración

Ejercicio 3   Match the word in Column A with its definition in Column B.

A	B
1. eliminar	a. morir por falta de aire, no poder respirar
2. el antecedente	
3. obvio	b. lo que garantiza
4. la catástrofe	c. hacer desaparecer
5. la garantía	d. bastante
6. suficiente	e. un ejemplo anterior
7. introducir	f. un evento terrible
8. asfixiarse	g. cierto, evidente
	h. presentar

Ejercicio 4   Give the opposite of each of the following words.
1. confuso
2. insuficiente
3. la perfección
4. maximizar

5. aumentar
6. manual
7. irracional

Ejercicio 5   True or false?
1. Una inundación, un huracán, un temblor o terremoto y un tornado son ejemplos de catástrofes naturales.
2. En una empresa es imposible controlar el factor riesgo.
3. Aunque sea posible minimizar el factor riesgo, es imposible eliminarlo por completo.
4. Las catástrofes naturales son capaces de causar mucha destrucción.
5. Las empresas de manufactura no deben nunca poner a prueba los materiales que usan en la producción de sus productos.
6. Los antecedentes nunca entran en juego en la toma de decisiones que afectarán el futuro.

Ejercicio 6   Match the English word or expression in Column A with its Spanish equivalent in Column B.

A	B
1. risk factor	a. el riesgo puro
2. speculative risk	b. la emisión de obligaciones
3. pure risk	c. el riesgo financiero
4. unforeseeable risk	d. el factor riesgo
5. financial risk	e. arriesgarse
6. property loss	f. el riesgo de explotación
7. loss of key personnel	g. el flujo de efectivo
8. to take a risk	h. el riesgo imprevisible
9. issuance of bonds or obligations	i. la obligación jurídica
10. debt	j. la pérdida de propiedad
11. cash flow	k. la pérdida de personal clave
12. legal liability	l. la deuda

Ejercicio 7   Match the English word or expression in Column A with its Spanish equivalent in Column B.

A	B
1. defect	a. el embalaje
2. manufacturer	b. pagar una multa
3. fire	c. el defecto
4. theft	d. predecir
5. packaging	e. la pérdida de ingresos
6. to harm, injure, hurt	f. el fabricante
7. to damage	g. valerse de
8. to watch closely	h. hacer(se) daño
9. to pay a fine	i. prever
10. loss of income	j. el incendio

11. accusation, suit   k. apartar
12. to foresee   l. dañar
13. to predict   m. el robo
14. to make use of   n. la denuncia
15. to put aside   o. vigilar

Ejercicio 8   Complete each statement with the appropriate word(s).

1. No importa lo que hace. Existe siempre el factor _____.
2. Un riesgo _____ es uno que no se puede prever ni predecir.
3. Un incendio puede resultar en (causar) una pérdida de _____.
4. La posibilidad de una pérdida de ingresos es un riesgo _____.
5. Los fabricantes tienen que _____ todas las etapas de la producción de un artículo para evitar defectos de manufactura que pueden causar daños.
6. El _____ puede ser una catástrofe natural o un crimen provocado.
7. La muerte de algunos directores de una empresa en un accidente de auto o de avión resulta en la pérdida de _____.
8. La _____ es el dinero que se le debe a otro.
9. Hay que _____ fondos para pagar deudas futuras.
10. Es muy difícil _____ o _____ lo que pasará en el futuro (acontecimientos futuros).
11. El director puede _____ de muchos datos en la toma de decisiones.

Ejercicio 9   Give the word or expression being defined.

1. la manera en que se empaqueta una mercancía
2. un delito cometido contra la propiedad privada; la acción de tomar lo que no le pertenece (un artículo ajeno)
3. un desperfecto que resulta durante la producción
4. los administradores o empleados importantes de la empresa
5. hacerse daño, causar una fractura o contusión
6. pagar una denuncia con dinero
7. observar cuidadosamente
8. poner al lado
9. incurrir o correr un riesgo
10. la acción de perder algo
11. lo que hace el ladrón
12. servirse de, usar

Ejercicio 10   Match the English word in Column A with its Spanish equivalent in Column B.

A	B
1. to launch	a. los beneficios
2. success	b. lanzar
3. failure	c. el acreedor
4. profit	d. el procedimiento

5. loan	e. el fracaso
6. creditor	f. el préstamo
7. expenses	g. los gastos
8. procedure	h. el éxito
9. accusation, suit	i. la denuncia
10. collection, charge	j. el cobro

Ejercicio 11   Select the appropriate word(s) to complete each statement.
1. El departamento de marketing tiene la responsabilidad de _____ un producto nuevo.
   a. fabricar   b. lanzar   c. garantizar
2. Si el producto es un _____, la empresa realizará _____.
   a. éxito   b. defecto   c. fracaso
   a. un procedimiento   b. gastos   c. un beneficio
3. Pero siempre existe la posibilidad o el riesgo de que sea un _____.
   a. éxito   b. defecto   c. fracaso
4. Una empresa está obligada a pagar a sus _____.
   a. deudores   b. procedimientos   c. acreedores
5. Si la empresa hace todo conforme a los reglamentos gubernamentales, evita el riesgo de _____.
   a. procedimientos   b. obligaciones   c. denuncias
6. Hay que incurrir en _____ para producir un producto nuevo.
   a. beneficios   b. gastos   c. fracasos

Ejercicio 12   Match the English word or expression in Column A with its Spanish equivalent in Column B.

A	B
1. insurance company	a. el asegurado
2. insurance policy	b. el asegurador
3. premium	c. la compañía de seguros
4. insured	d. asegurarse
5. insurer	e. la póliza
6. life insurance	f. el seguro contra incendio
7. fire insurance	g. la prima
8. to insure oneself	h. los seguros de vida

Ejercicio 13   Complete each statement with the appropriate word(s).
1. Es posible _____ contra las catástrofes naturales.
2. El _____ puede valerse de datos basados en antecedentes para determinar la prima de una póliza de seguros.
3. Los _____ pagan las primas.
4. El asegurado es el titular de una _____ de seguros.
5. _____ contra los daños hechos por un fuego. Tiene seguro contra incendio.
6. Prudential Life es una gran _____.

COMPRENSION

Ejercicio 1   True or false?

1. Las empresas saben antes de lanzar un producto nuevo si será un éxito o un fracaso.
2. No hay inversión que no le rinda al inversionista el beneficio deseado.
3. Hay riesgos que ofrecen la probabilidad de realizar un beneficio.
4. La empresa tiene control sobre los beneficios de explotación.
5. Mientras más deudas tiene la empresa, más alto es el riesgo financiero.
6. Para analizar o determinar el factor riesgo, el administrador puede usar su juicio y datos basados en antecedentes.
7. Una baja de ingresos o un alza de gastos resultará en una pérdida de propiedad.
8. Se pueden eliminar algunos riesgos pero no todos.

Ejercicio 2   Match the expression or term in Column A with its description in Column B.

A	B
1. el riesgo financiero	a. el riesgo más obvio
2. la pérdida de propiedad	b. el riesgo que es difícil de prever
3. el sistema de extinción automático	c. la posibilidad de no tener los fondos necesarios para pagar sus deudas
4. el riesgo de explotación	d. lo que puede resultar de un terremoto o de un tornado
5. el riesgo puro	e. lo que puede resultar de un accidente de automóvil
6. el riesgo imprevisible	f. lo que minimizará el riesgo de mucha destrucción en caso de un incendio

Ejercicio 3   Answer.

1. ¿Por qué debe la empresa poner a prueba todos los materiales empleados (utilizados) en la fabricación (manufactura) de sus productos?
2. ¿Por qué es importante que el administrador identifique defectos potenciales de manufactura?
3. ¿Cómo puede el administrador minimizar el factor riesgo?
4. ¿Cómo puede y debe la empresa financiar los riesgos?
5. ¿Contra qué riesgos es posible asegurarse?
6. ¿Y cuáles no son asegurables?

Capítulo 12
SEGUROS

El concepto de seguro ha existido siempre. Los hombres prehistóricos se unían y colaboraban en caso de peligro. A través de los siglos, los hombres han almacenado víveres[1] para no morirse de hambre durante épocas de escasez[2]. Si a la casa de uno se le prendiera fuego[3], todos venían a apagar el fuego para que no se incendiara la vecindad[4]. Poco a poco, este tipo de colaboración voluntaria se transformó en mutualidades, grupos de personas que se aseguran recíprocamente contra ciertos riesgos, por medio del pago de una cuota o contribución. Luego vendrían las compañías de seguros modernas, dirigidas como empresas comerciales.

Compañías de seguros

El objetivo de las compañías de seguros es de ofrecer una protección financiera. La manera de determinar el monto de las primas se basa en las probabilidades. Por ejemplo, el riesgo de incendio es mayor para una casa de madera que para una casa de piedra[5] o ladrillo[6]. La gente que calcula las probabilidades de muertes, de incendios, de accidentes, etc., durante el transcurso de un año se llaman «actuarios». Las primas para los seguros se basan en los cálculos de los actuarios. Luego le toca a la compañía de seguros decidir contra qué riesgos podrá el cliente asegurarse y cuáles serán las cláusulas de la póliza de seguros. Para calcular las probabilidades de pérdida, los actuarios se basan en el hecho de que mientras mayor sea el número de asegurados, más precisas serán sus predicciones sobre las probables pérdidas. Las compañías de seguros indemnizan a los asegurados por los daños sufridos con el dinero que viene a la compañía de las primas pagadas por todos los otros asegurados. El diagrama en la página 84 muestra que si 100 asegurados pagan cada uno $400 de prima, la compañía de seguros puede pagar a uno de ellos $40.000 en caso de incendio.

Aseguradores

Cuando se piensa en seguros, se piensa en una compañía privada. De hecho, en los EE.UU. el asegurador más importante es el gobierno federal que recibe el 47% del monto total de primas de seguros. La mayor parte de los programas del gobierno se dedican a proteger a la gente contra una pérdida de rentas debido a varios factores: la vejez, la enfermedad, la invalidez, la huelga, los accidentes de trabajo. En los EE.UU. el Seguro Social cubre a 9 de cada 10 trabajadores. Los

---

[1] *supplies, provisions* [2] *shortage* [3] *caught fire* [4] *neighborhood* [5] *stone* [6] *brick*

	$400	$400	$400	$400	$400	$400	$400	$400	$400	$400	
$400	$400	$400	$400	$400	$400	$400	$400	$400	$400	$400	$400
$400	$400	$400	$400	$400	$400	$400	$400	$400	$400	$400	$400
$400	$400	$400	$400					$400	$400	$400	$400
$400	$400	$400	$400		Fondos comunes de seguros $40.000			$400	$400	$400	$400
$400	$400	$400	$400					$400	$400	$400	$400
$400	$400	$400	$400				$400	$400	$400	$400
$400	$400	$400	$400	$400	$400	$400	$400	$400	$400	$400
$400	$400	$400	$400	$400	$400	$400	$400	$400		$400	$400
	$400	$400	$400	$400	$400	$400	$400	$400	$400	$400	

$40.000

empleados pagan una porción de la cuota y los patronos la otra porción para garantizar a cada jubilado una pensión decente y cuidado médico. Hoy día, se calcula que hay tres trabajadores que contribuyen al mantenimiento de un jubilado. Sin embargo, para el año 2000, la razón será de 2 a 1.

Hay unas 5.000 compañías de seguros privadas en los EE.UU. Se trata tanto de compañías con fines de lucro—como de mutualidades—, de cooperativas de fines no de lucro (no lucrativos) que se aseguran entre sí contra determinados riesgos y donde los socios pagan una cuota.

Tipos de seguros

Hay varios tipos de seguros. Uno es el seguro de responsabilidad civil. El asegurador paga a un tercero que sufre daños causados por el asegurado. Los seguros de responsabilidad civil son de diferentes clases: hay los seguros profesionales—médicos, directores de empresas, etc.,—que se aseguran contra los riesgos causados por ellos mismos o por sus empleados. Otra clase de seguros de responsabilidad civil son los seguros de automóvil contra todo riesgo y los distintos seguros contra otros tipos de accidentes, incendios, robos, etc.

La mayoría de los seguros contienen una cantidad deducible, es decir, el monto que el asegurador retiene de la indemnización. Con el seguro de vida el asegurado paga sus primas a nombre de un beneficiario que recibe el dinero que se le debe al morir el asegurado.

A pesar de que el gobierno es responsable por una gran parte de los seguros en los EE.UU. todavía hay mucho que hacer en el campo del seguro médico. En la actualidad se estudian numerosos proyectos de seguro médico nacional.

ESTUDIO DE PALABRAS _____

Ejercicio 1   Study the following cognates that appear in this chapter.

el concepto	el accidente	existir
el objetivo	la previsión	unirse
la protección	la cantidad	colaborar
la probabilidad	el beneficiario	transformarse
el cálculo		retener
la cláusula	recíproco	
la predicción	financiero	
el diagrama	federal	
el gobierno	deducible	

Ejercicio 2   Match the word in Column A with its definition or related phrase in Column B.

A	B
1. el asegurado	a. el no tener nada de comer
2. el beneficiario	b. cambiar
3. indemnizar	c. entre dos personas, mútuamente
4. la pensión	d. el cliente de una compañía de seguros
5. recíprocamente	e. proveer dinero a alguien para que
6. el hambre	recupere sus pérdidas
7. decente	f. el inconveniente, el posible peligro
8. transformar	g. del gobierno en Washington
9. el riesgo	h. el dinero que recibe un retirado
10. federal	i. adecuado, razonable
	j. el que recibe el dinero de una póliza de seguros

Ejercicio 3   Match the English word or expression in Column A with its Spanish equivalent in Column B.

A	B
1. insurance	a. asegurar
2. insured	b. asegurarse
3. insurer	c. el seguro
4. to insure	d. el actuario
5. insurance company	e. el asegurado
6. to be insured	f. la prima
7. insurance policy	g. la mutualidad
8. actuary	h. el asegurador
9. deductible amount	i. con fines de lucro
10. premium	j. la compañía de seguros
11. contribution, payment	k. el monto deducible
12. mutual company	l. la póliza

13. profit-making   m. la cuota
14. nonprofit   n. el beneficiario
15. beneficiary   o. con fines sin lucro (no lucrativos)

Ejercicio 4   Complete each statement with the appropriate word(s).
1. El cliente de una compañía de seguros es el _____.
2. La compañía es el _____ y el cliente es el _____.
3. El asegurado tiene una _____ de seguros.
4. El asegurado paga una _____, frecuentemente trimestralmente.
5. Son los _____ que determinan las primas.
6. _____ recibirá los beneficios de una póliza de seguros.
7. _____ es el monto que la compañía de seguros no pagará. Es el
   monto que el asegurado tiene que pagar por sí mismo deduciéndolo del
   total de la pérdida.

Ejercicio 5   Match the word or expression in Column A with its definition in
Column B.

A	B
1. la mutualidad	a. el monto que el asegurado le paga al asegurador
2. la prima	
3. la cuota	b. una empresa colectiva
4. una compañía con fines de lucro	c. el que determina el monto de la prima
	d. la contribución, el pago
5. el actuario	e. una empresa que quiere realizar un beneficio

Ejercicio 6   Match the English word or expression in Column A with its
Spanish equivalent in Column B.

A	B
1. old age	a. la enfermedad
2. disability	b. la vejez
3. illness	c. los seguros de auto contra todo riesgo
4. unemployment	d. cubrir
5. work-related accident	e. el desempleo
6. medical care	f. el seguro contra incendio
7. full-coverage auto insurance	g. el daño
8. fire insurance	h. la invalidez
9. life insurance	i. el accidente de trabajo
10. loss	j. la pérdida de rentas (ingresos)
11. harm	k. el cuidado médico
12. loss of income	l. el seguro de vida
13. to cover	m. la pérdida
14. death	n. el seguro de responsabilidad civil
15. liability insurance	o. la muerte
16. medical insurance	p. los seguros médicos

Ejercicio 7 Tell what type of insurance the individual needs or wants.
1. contra una acción de posible negligencia por mi parte
2. si por casualidad no tengo trabajo
3. un accidente en la fábrica o en la oficina
4. si muero
5. si tengo que consultar al médico o ir al hospital
6. si no puedo trabajar más a causa de una herida grave
7. si hay un incendio
8. si tengo un accidente en el carro

COMPRENSION

Ejercicio 1 True or false?
1. El concepto de seguros es relativamente reciente.
2. Aún en las sociedades primitivas la gente se ayudaba, por ejemplo, si a la casa de uno se le prendía fuego.
3. El asegurado decide contra qué riesgos puede asegurarse.
4. Todas las compañías de seguros son privadas.
5. Las sociedades que emiten acciones son empresas con fines de lucro.
6. Las mutualidades también son sociedades con fines de lucro.

Ejercicio 2 Answer.
1. ¿Cómo se formaban las primeras mutualidades?
2. ¿Cuál es el objetivo de las compañías de seguros hoy día?
3. ¿Cómo se determina el monto de las primas?
4. ¿Qué hacen los actuarios?
5. ¿Cómo indemnizan las compañías de seguros a los asegurados?
6. ¿Contra qué tipos de riesgos se dedican la mayoría de los programas gubernamentales?
7. ¿Cómo funcionan las mutualidades?

Ejercicio 3 Tell what type of insurance policy you want.
1. Quisiera asegurarme contra las pérdidas que sufriría si tuviera un accidente en el carro.
2. Quisiera ser indemnizado(-a) por las pérdidas que tendría si a mi casa se le prendiera fuego.
3. Quisiera dejar dinero a mis hijos para su mantenimiento (manutención) en el caso de mi muerte.
4. Quisiera una póliza de seguros que cubriría los gastos si tuviera que pasar algún tiempo en el hospital.

Capítulo 13
FINANZAS DEL COMERCIO INTERNACIONAL

La Ford tiene plantas en España, Gran Bretaña, Alemania, México y en muchos otros países. Honda fabrica autos en los EE.UU. Hay hoteles norteamericanos en Europa y Japón y hoteles japoneses y europeos en los EE.UU.

Importancia de las «multinacionales»

De las 50 compañías más grandes del mundo, 33 son japonesas, 14 norteamericanas y 3 son británicas. Una gran proporción de los beneficios corporativos de los EE.UU. se deriva del comercio internacional. Sólo la compra de activos fijos en el exterior por empresas norteamericanas incrementó de unos $12.000 millones en 1950 a $300.000 millones en 1987. Las metas corporativas son las mismas en el ámbito internacional como en el nacional: la maximización de los beneficios. Se quiere comprar activos que valen más de lo que se paga por ellos, y se quiere pagar con la emisión de pasivos que valen menos que el efectivo que se recauda. Lo que es complicado es que las transacciones se efectúan con una variedad de divisas de diferentes valores. Y los valores cambian con frecuencia. Esto añade otro factor de riesgo.

Tasas de cambio

Las tasas de cambio muestran la relación entre las monedas de diferentes países. La tasa de cambio en los mercados de divisas son del día corriente (en realidad son 2 días) y futuras (de 30, 90 ó 180 días). Las tasas futuras toman en cuenta los cambios que se esperan en las tasas de cambio y en las tasas de interés en los distintos países.

Mercados de divisas

El cambio de divisas ocurre en un mercado que no existe físicamente sino en los grandes bancos centrales y comerciales. Las empresas efectúan sus cambios en esos bancos por medio del teléfono, del télex o del facsímil. Los dos grandes centros para el cambio de divisas son Londres y Tokio. Cada día, en cada uno de esos dos centros se cambian más de $200.000 millones en divisas. Las empresas se valen de los mercados de cambio futuro para protegerse contra posibles pérdidas causadas por fluctuaciones en las tasas de cambio. Estas fluctuaciones pueden ocurrir a causa de fluctuaciones en las tasas de interés, a causa de la inflación o por razones políticas.

Ventajas de ser multinacional

Las ventajas de una presencia en los mercados internacionales para las empresas multinacionales son significativas. Si la Ford tuviera que exportar solamente sus autos fabricados en los EE.UU., el alto costo de producción y los aranceles que se pagarían en el extranjero resultarían en una falta de competividad. Los autos Ford serían demasiado caros comparados con los autos fabricados en el país. Por eso la Ford, la Chrysler y la General Motors tienen fábricas en el extranjero. Así pueden competir mejor. Las compañías subsidiarias de corporaciones norteamericanas gozan de[1] varias ventajas. No tienen que pagar impuestos a los EE.UU. hasta que los beneficios sean pagados a la compañía matriz en los EE.UU. También pueden deducir los impuestos que pagan en el extranjero.

Riesgos

Todo este movimiento de dinero de un país a otro requiere el constante cambio de divisas y el riesgo para las empresas. Por ejemplo, si un turista norteamericano compra unas perlas en Tokio y paga 130.000 yenes, y la tasa de cambio es de 130 yenes al dólar, se supone que le costó $1.000. El turista paga con tarjeta de crédito. En el tiempo que toma para efectuar la transacción por los bancos la tasa de cambio va de 130 yenes a 100 yenes por dólar. Cuando el turista recibe la cuenta, tiene que pagar $1.300. Ese mismo tipo de riesgo existe para las empresas y sus transacciones de miles de millones de dólares. En México la tasa de cambio pasó de 12 pesos por dólar a más de 3.000 pesos en poco tiempo.

Fluctuaciones en las tasas de cambio Hay varios recursos que tienen las empresas para protegerse de las fluctuaciones en las tasas de cambio. Los mercados de cambio futuro de divisas y los mercados de préstamos son dos. Existe una estrecha[2] relación entre las tasas de interés, la tasa de inflación y las tasas de cambio. Un ejemplo clásico del riesgo que se corre con las tasas de cambio es el caso de Laker Airlines de Gran Bretaña. Laker hizo grandes préstamos de los bancos en dólares. Sus ingresos eran mayormente en libras esterlinas. De repente, en los años 80 el valor del dólar respecto a la libra esterlina subió dramáticamente. Laker no tenía con qué pagar la deuda y tuvo que liquidar.

Las inversiones en el extranjero conllevan riesgos de tipo político además de los riesgos que presentan las fluctuaciones en los tipos de cambio. Las crisis del petróleo de 1973 y 1990 son obvios ejemplos. Las grandes empresas tienen que evaluar todos los mismos factores que consideran al establecerse en el mercado doméstico, más los factores especiales que existen en el mercado internacional al tomar la decisión de invertir o no en el extranjero. No obstante, las inversiones internacionales son mayores cada año.

---

[1]*enjoy*   [2]*close*

ESTUDIO DE PALABRAS _____

Ejercicio 1   Study the following cognates that appear in this chapter.

la planta	el facsímil	internacional
la proporción	el télex	multinacional
la maximización de los	la fluctuación	corporativo
beneficios	la inflación	
el teléfono	las razones políticas	

Ejercicio 2   Complete each statement with the appropriate word(s).

1. Una empresa que tiene sucursales, oficinas y plantas en muchos países del mundo es una empresa _____.
2. El comercio _____ es el contrario del comercio doméstico o nacional.
3. Tres medios de comunicación importantes son _____, _____ y _____.
4. Los grandes administradores son los ejecutivos _____.

Ejercicio 3   Match the word or expression in Column A with its equivalent in Column B.

A	B
1. el alza y la baja	a. la proporción
2. el alza en los precios	b. multinacional
3. los motivos políticos	c. la fluctuación
4. de muchos países	d. internacional
5. entre varios países	e. la inflación
6. el porcentaje	f. las razones políticas

Ejercicio 4   Match the English word or expression in Column A with its Spanish equivalent in Column B.

A	B
1. business	a. las divisas
2. goal	b. los aranceles
3. environment	c. los mercados de divisas
4. foreign currencies	d. la compañía matriz
5. exchange rate	e. la meta
6. currency markets	f. deducir
7. risk	g. el préstamo
8. loss	h. conllevar
9. duty, excise tax	i. la pérdida
10. competitiveness	j. el comercio
11. parent company	k. fabricar, manufacturar
12. loan	l. la tasa (el tipo) de cambio
13. pounds sterling	m. efectuar
14. to manufacture	n. las libras esterlinas

15. to deduct
16. to carry out
17. to carry with it

o. el ámbito
p. el riesgo
q. la competividad

Ejercicio 5 Study the following words related to **competir.** Use each one in a sentence.
1. competir
2. la competencia
3. el competidor
4. competitivo
5. la competividad

Ejercicio 6 Complete each statement with the appropriate word(s).
1. Tardan cinco días en _____ la transacción.
2. Se puede _____ el interés de los impuestos.
3. La propuesta _____ otras responsabilidades y obligaciones.
4. La Ford _____ autos en muchos países del mundo.
5. _____ es el valor de una moneda comparada con el de otra.
6. La moneda de Gran Bretaña es _____.
7. _____ tiene sucursales *(branches)* en muchos países.
8. Las fluctuaciones en la tasa de cambio de divisas conllevan _____ para las empresas multinacionales.

Ejercicio 7 Match the word in Column A with its equivalent in Column B.

A	B
1. la meta	a. el contrario de «la ganancia» o «el beneficio»
2. la divisa	
3. la tasa	b. el contrario de «la compañía matriz»
4. la pérdida	c. el objetivo
5. el subsidiario	d. la moneda
	e. el tipo

COMPRENSION

Ejercicio 1 True or false?
1. Las metas corporativas son muy diferentes en el comercio internacional que en el comercio nacional.
2. La tasa de cambio es igual que la tasa de interés.
3. La tasa de cambio muestra la relación entre las monedas de diferentes valores.
4. Los dos grandes centros para el cambio de divisas son Nueva York y Tokio.
5. Las compañías subsidiarias de corporaciones norteamericanas tienen que pagar impuestos al gobierno federal de los EE.UU. en cuanto hagan una venta en cualquier país.

6. La compañía matriz puede deducir de sus impuestos federales los impuestos que paga en el extranjero.
7. Las tasas de interés tienen poco que ver con las tasas de cambio.

Ejercicio 2   Answer.

1. ¿De qué naciones son las 50 compañías más grandes del mundo?
2. ¿Cuál es la meta corporativa primordial en el ámbito internacional?
3. ¿Por qué son algo más complicadas las transacciones internacionales que las nacionales?
4. ¿Qué toman en cuenta las tasas futuras de cambio?
5. ¿Qué influye en las fluctuaciones de la tasa de cambio?
6. Si la Ford tuviera que exportar solamente autos fabricados en los Estados Unidos, ¿por qué resultaría en una falta de competividad?
7. Por consiguiente, ¿qué hace la Ford?

Ejercicio 3   Explain.

1. Explique lo que le pasó al turista que compró las perlas en Tokio.
2. Explique por qué Laker tuvo que declararse en quiebra.

MARKETING

Capítulo 14
MARKETING EN
LA ECONOMIA

«Marketing» es un término muy moderno y muy usado en el mundo comercial y también muy difícil de definir. Comprende la planificación, la promoción, la publicidad o propaganda y mucho más. En términos generales, marketing es la creación de un mercado para un producto o servicio antes de comenzar a producirlo. En la sociedad contemporánea la capacidad de producción es superior a la demanda. Por eso es necesario estudiar las diferentes posibilidades de producción antes de tomar una decisión en cuanto a la creación de un producto.

La importancia de marketing en la economía es cada vez mayor. Se calcula que, por lo común, marketing representa casi el 50% del precio que paga el consumidor. En algunas ramas, como el vestido, por ejemplo, es aún mayor. Esto no quiere decir que sin marketing el consumidor pagaría menos. En realidad, marketing permite determinar las necesidades del consumidor así como los costos de producción más rentables porque provee información sobre factores como las cantidades y las calidades apropiadas además de los mejores puntos de ventas.

El número de empleados que se dedican a marketing está creciendo rápidamente tanto en los países industrializados como en los países en vías de desarrollo. En los países industrializados el mayor problema no es la producción sino la distribución. La capacidad productiva es enorme, pero hay que vender el producto y… ¡realizar una ganancia! Para los países en vías de desarrollo el problema es otro; el papel de marketing es crítico, pero a menudo es menospreciado[1] por los dirigentes de aquellos países, quienes dedican sus esfuerzos a recaudar capital extranjero para desarrollar sus economías.

Funciones de marketing

Hay quienes consideran marketing un despilfarro[2] de dinero porque, de hecho, no crea de por sí ningún producto. Pero es que muchos no comprenden la importancia del papel que juega marketing. ¿Cómo sirve el servicio de marketing a la empresa? Estudiemos cada una de las funciones del marketing en más detalle.

---

[1]*underrated, looked down upon*   [2]*waste*

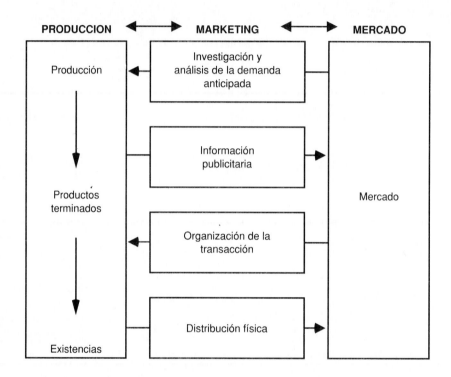

Determinación de la demanda: investigación y evaluación Antes de crear un bien o servicio hay que saber cuáles son las necesidades de los consumidores. Hay que conocer no solamente quiénes son los posibles compradores de un bien o servicio sino también todo lo que les afecta en su ambiente socioeconómico y cultural. Sólo entonces se puede comenzar a concebir un bien o servicio.

Promoción Entonces se busca la mejor manera de informar al público sobre la existencia y las características del producto. Es ahora cuando se considera el papel que desempeñarán los siguientes servicios o departamentos: la publicidad, la promoción de ventas y las relaciones de prensa.

Organización de la promoción La siguiente tarea es la de determinar cuáles son las tiendas que frecuentan los probables consumidores del producto. Y no sólo el tipo de tienda o comercio, sino el área donde se encuentra también. Hay que averiguar si habrá que proveer algunos servicios complementarios y, en caso afirmativo, cuáles serán.

Distribución Finalmente se determina la forma de transporte más rentable para llevar el producto de la fábrica al almacén y del almacén a las tiendas y a los comercios donde se venderá al público.

El papel de marketing en la economía es muy importante; es la de concertar las necesidades del consumidor con las necesidades de la empresa.

ESTUDIO DE PALABRAS _____

Ejercicio 1   Study the following cognates that appear in this chapter.

el marketing	la distribución	definir
el término	el capital	producir
la planificación	el análisis	calcular
la promoción	la evaluación	representar
la creación	el público	permitir
el producto	la existencia	determinar
el servicio	la característica	dedicarse
la sociedad	el área	crear
la demanda	la forma	afectar
la posibilidad	el transporte	concebir
la decision		informar
la importancia	moderno	frecuentar
la economía	industrializado	
el consumidor	productivo	
la necesidad	enorme	
el factor	socioeconómico	
la cantidad	cultural	
la calidad		

Ejercicio 2   Match the verb in Column A with its noun form in Column B.

A	B
1. definir	a. la creación
2. planificar	b. la existencia
3. crear	c. el consumidor
4. decidir	d. el análisis
5. calcular	e. la definición
6. consumir	f. la decisión
7. necesitar	g. la necesidad
8. distribuir	h. la planificación
9. informar	i. la distribución
10. evaluar	j. el cálculo
11. existir	k. la evaluación
12. analizar	l. la información

Ejercicio 3   Match the word in Column A with its definition in Column B.

A	B
1. el factor	a. el elemento, la causa
2. concebir	b. el número
3. crear	c. muy grande
4. el término	d. formar la idea de una cosa
5. moderno	e. el dinero o los activos que uno posee

6. el área
7. la cantidad
8. enorme
9. la demanda
10. el capital

f. producir una cosa que no existía antes
g. la región, la zona
h. el contrario de «antiguo»
i. la cantidad que necesita la sociedad
j. la palabra, la expresión

Ejercicio 4   Select the appropriate word(s) to complete each statement.

1. Dos _____ de marketing son la planificación y la promoción.
   a. funciones   b. evaluaciones   c. conceptos
2. Antes de crear un producto hay que _____ la existencia de un mercado.
   a. conciliar   b. definir   c. determinar
3. Es necesario determinar (anticipar) _____ para el producto.
   a. el concepto   b. la demanda   c. la distribución
4. Hay que identificar a las personas a quienes se venderá el producto; es decir, _____ que se servirá del producto.
   a. el mercado   b. la empresa   c. la industria
5. Al determinar la demanda del producto hay que precisar (establecer) _____ del producto que se podrá vender.
   a. la calidad   b. el análisis   c. la cantidad
6. _____ es un factor importante en la distribución de un producto.
   a. La demanda   b. El transporte   c. La sociedad

Ejercicio 5   Match the English word or expression in Column A with its Spanish equivalent in Column B.

A	B
1. service, department	a. la promoción de ventas
2. market	b. el consumidor
3. sales	c. el papel
4. sales promotion	d. el servicio, el departamento
5. points of purchase	e. la publicidad, la propaganda
6. research	f. las existencias
7. cost	g. el mercado
8. profit	h. el costo
9. profitable	i. rentable
10. consumer	j. las ventas
11. advertising	k. el almacén
12. factory	l. los puntos de venta
13. warehouse	m. la ganancia, los beneficios
14. business world	n. el mundo comercial
15. task, job	o. la investigación
16. role	p. la empresa
17. stock	q. la fábrica
18. company, enterprise	r. la tarea

Ejercicio 6   Give the word or expression being defined.
1. el beneficio
2. el precio, el gasto, lo que cuesta
3. la persona que compra y se sirve de un producto
4. el público al cual está destinado cierto producto
5. que rinde o devuelve beneficios o ganancias
6. la acción de reunir información para determinar algo antes de tomar una decisión
7. lugar donde se fabrica (se produce) un producto o bien
8. el conjunto de esfuerzos que se hace para vender algo
9. los lugares donde se efectúan las ventas
10. lugar donde se depositan mercancías por un período corto (temporario) de tiempo antes de distribuirlas
11. el conjunto de los medios que se emplean para informar al público de la existencia de un producto y para estimular (fomentar) ventas; los anuncios en los periódicos, en las revistas, en la radio, en la televisión

Ejercicio 7   Match the English word or expression in Column A with its Spanish equivalent in Column B.

A	B
1. public relations	a. adecuado
2. production capacity	b. la rama
3. branch, area	c. desarrollar
4. production costs	d. proveer
5. employee	e. los costos de producción
6. adequate	f. recaudar
7. developing	g. las relaciones públicas
8. to develop	h. comprender
9. to collect	i. la capacidad productiva (de producción)
10. to find out	j. averiguar
11. to comprise, include	k. el empleado
12. to provide	l. en vías de desarrollo
13. to reconcile, bring together	m. el producto terminado
14. finished product	n. concertar

Ejercicio 8   Match the word or expression in Column A with its definition in Column B.

A	B
1. averiguar	a. lo que cuesta producir un producto terminado
2. recaudar	b. suficiente
3. los costos de producción	c. determinar si es correcto, descubrir la verdad
4. el empleado	d. incluir
5. la rama	
6. adecuado	

7. comprender
8. en vías de desarrollo

e. recolectar
f. el que trabaja en una tienda
g. la división, la ramificación
h. no industrializado

Ejercicio 9   Complete each statement with the appropriate word(s).
1. No sé en qué _____ de la industria él trabaja.
2. Una meta de la economía es la de _____ bienes y servicios que necesita la sociedad.
3. La empresa _____ muchos servicios o departamentos.
4. Hoy día la _____ de producción es enorme.
5. _____ de producción están incluidos en el precio que paga el consumidor.
6. Tengo que _____ la cantidad que ya hemos vendido.
7. Tenemos que _____ un plan para la promoción de ventas del producto que pensamos crear.
8. Tenemos que determinar si tenemos los recursos _____ para emprender *(undertake)* el proyecto.

Ejercicio 10   Match the job with its description.

A	B
1. el fabricante	a. el que hace la publicidad
2. el publicista	b. el que vende mercancías
3. el distribuidor	c. el que produce las mercancías
4. el mercader	d. el que se encarga de la distribución
5. el consumidor	e. el que compra las mercancías para su uso

COMPRENSION

Ejercicio 1   True or false?
1. El marketing existe desde hace ya muchos siglos. Es muy antiguo.
2. El marketing determina o establece la existencia de un mercado.
3. El marketing determina la existencia de un mercado después, no antes, de crear el producto o servicio nuevo.
4. El costo de marketing es un porcentaje mínimo del precio que paga el consumidor por un producto.
5. El fabricante es el productor de un bien.
6. El responsable del marketing es también el productor de un bien.
7. El marketing desempeña (juega) un papel importante en la economía de un país.
8. El marketing identifica también las costumbres *(customs)* culturales de las personas para quienes van a crear un producto.

9. No es importante determinar en qué clase de tiendas se venderá el producto.
10. La distribución del producto es otra responsabilidad del servicio o del departamento de marketing.

Ejercicio 2   Answer.
1. En términos generales, ¿qué es el marketing?
2. Antes de tomar una decisión sobre la creación de un producto, ¿qué hace el marketing?
3. Hay gente que considera el marketing un despilfarro. ¿Por qué?
4. ¿Qué tiene que hacer el responsable del marketing para determinar la demanda para un producto nuevo?
5. El responsable del marketing, ¿qué tiene que saber del público al cual piensa lanzar el producto?
6. ¿Cuál es una de las funciones más importantes que tiene el servicio (departamento) de marketing?

Capítulo 15
VARIABLES CONTROLABLES E INCONTROLABLES EN EL MARKETING

Para elaborar una estrategia de marketing el director de marketing debe considerar los factores sobre los que puede ejercer cierto control (las variables controlables): el producto, la distribución, la promoción y el precio. También tiene que tomar en consideración aquellos factores sobre los que no puede ejercer ningún control (las variables incontrolables): el medio ambiente con sus diversos elementos cambiantes[1]. El director de marketing trata de prever los cambios.

«Marketing mix»: las cuatro variables controlables

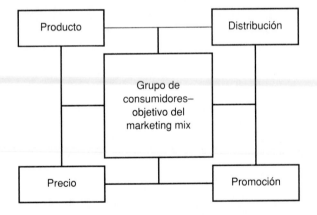

Producto La primera decisión que se toma es la de determinar cuál producto va a satisfacer mejor a los consumidores, a los que se destina. Por eso hay que considerar los siguientes factores: la clase de producto o servicio que se desarrollará (los modelos, la calidad, el tipo de material); la clase de envoltura, la etiqueta, la redacción de las instrucciones y el modo de empleo; el nombre de la marca; el servicio posventa, las garantías, las reparaciones; las estrategias de lanzamiento de productos nuevos y los programas de investigación comercial y desarrollo.

---

[1] *changing*

Distribución Hay que considerar ahora el problema de la distribución del producto. El director de marketing tomará decisiones en las siguientes áreas. Decidirá en los canales de distribución para el producto. ¿Cómo viajará el producto de la fábrica al consumidor? ¿Se distribuirá por medio de intermediarios? ¿Cómo? ¿Mediante mayoristas o detallistas? Decidirá en la dirección de operaciones. Asegurará que el proceso de distribución funcione de forma eficaz y que las vías de comunicación estén abiertas entre todos los interesados. Tomará decisiones en la organización del transporte, del mantenimiento y del almacenaje del producto.

Promoción Ahora hay que hacer que se conozca el producto. Hay una serie de decisiones que tomar en cuanto a la mejor manera de informar a los consumidores: la selección de medios—la publicidad masiva, las ventas personales, la promoción de ventas, las relaciones de prensa. Hay que determinar el mensaje más eficaz para el público y establecer el presupuesto destinado a la promoción.

Precio Y por fin el factor que nunca es de menor importancia, el precio. Hay que fijar un precio que, por una parte, será aceptable para el consumidor y, por otra, rendirá a la empresa un beneficio aceptable. Los factores que se toman en consideración son los siguientes: el nivel general del precio, el precio par o impar, los procedimientos que se emplearán en caso de un cambio de precio y las condiciones de pago, de reembolso y de crédito que se ofrecerán.

Las cuatro variables controlables del marketing mix se coordinan y se ponen en balance para llegar a una estrategia que llevará al éxito del producto. Claro está que no existe una sola fórmula de marketing mix. Las estrategias dependen de la meta o del objetivo que ha establecido la empresa y del mercado que quiere ganar.

Las variables incontrolables

El medio ambiente Los diferentes tipos de ambientes en los que funciona el marketing son las variables incontrolables. Son de dos tipos: el macroambiente que depende de factores socioeconómicos, institucionales, legales, tecnológicos y temporales, y el microambiente que es el consumidor mismo, cuyo comportamiento hay que estudiar y anticipar para poder influir en él lo más eficazmente posible. En el capítulo 18 se estudiará este aspecto del medio ambiente.

Los mercados se pueden definir según su tamaño, la distribución demográfica, los movimientos demográficos y las tendencias migratorias. También se consideran los factores climatológicos, económicos, sociales y culturales. El factor clima es muy importante para la industria del vestido, por ejemplo. Las estaciones del año afectan también el consumo de comidas y bebidas. El factor económico incluye el ingreso medio o la renta media de los consumidores, su ingreso individual o familiar, las fuentes de ingreso y su evolución.

El estado de la economía nacional en general también se toma en cuenta—el Producto Nacional Bruto (PNB), si se está en un período de recesión o de expansión económica, la tasa de inflación, la tasa de desempleo y las facilidades para el crédito. El factor social—el origen étnico o religioso, la tasa de natalidad, el nivel de educación—también es importante.

El ambiente de la competencia

Bien se conoce que la competencia es esencial. Esa competencia se manifiesta de diferentes maneras. A un nivel general, todos los productos están en competencia. El consumidor quiere gastar su dinero como él quiera. También hay una competencia entre productos. Se puede calentar[2] la casa con aceite o con gas. También existe la competencia entre productos de la misma marca o entre diferentes modelos que llevan la misma marca. Hay muchas marcas de grabadoras[3]. El consumidor puede escoger una con programación computadorizada, con sonido estereofónico, etc.

Además, a cada nivel existen varias categorías de competencia. Hay competencia perfecta cuando gran número de competidores fabrican el mismo producto y el precio es determinado por el mercado. La promoción es inútil porque toda la información necesaria sobre el producto está a la disposición del consumidor. Un ejemplo de este tipo de competencia es el Mercado de Valores. El monopolio existe cuando una sola empresa provee un producto o servicio al mercado. La empresa tiene total libertad para hacer lo que quiera, sin preocuparse de las necesidades de los consumidores. De hecho, las leyes anti-trust tienen el efecto de prohibir la formación de los monopolios. En el oligopolio hay un reducido número de grandes empresas que proveen unos productos o servicios casi idénticos, con sólo diferencias insignificantes. Por eso la competencia es muy intensa. Así es en la industria del petróleo. La competencia imperfecta es la competencia más frecuente. Cada empresa fabrica un producto un poco diferente de los otros y así trata de dominar un segmento del mercado.

Ambiente orgánico La distribución y la promoción de los productos se aseguran por medio de ciertos organismos especializados como los mayoristas, los detallistas y los diferentes puntos de venta. Entre estos organismos se establecen varios tipos de redes[4] o conexiones que no se pueden cambiar o modificar. Por eso es importante conocer esta estructura y anticipar su desarrollo.

Ambiente tecnológico Toda industria se ve afectada por los avances tecnológicos, algunas con más rapidez que otras como en el caso de la industria electrónica, por ejemplo. Así es que es esencial seguir de cerca estos avances y actuar debidamente.

Ambiente legal Es obvio que el director de marketing debe respetar las leyes que rigen[5] la competencia, protegen al consumidor y reglamentan las fusiones, la fijación de precios de venta, etc. Por otra parte, los mismos consumidores tratan de tener mayor poder y más derechos. Las empresas deben estar conscientes de este hecho.

El director de marketing tiene que enfrentarse a una serie de decisiones que tienen que ser coordinadas juiciosamente antes de poder establecer una estrategia de marketing eficaz.

---

[2]*to heat*   [3]*recorders*   [4]*networks*   [5]*govern, rule*

ESTUDIO DE PALABRAS _____

Ejercicio 1   Study the following cognates that appear in this chapter.

la variable	la expansión	individual
la estrategia	el origen	familiar
el director de marketing	la manera	étnico
el factor	la programación	religioso
el control	el sonido	cultural
el producto	el monopolio	computadorizado
la distribución	la necesidad	estereofónico
la promoción	el efecto	reducido
la decisión	el oligopolio	idéntico
el consumidor	el número	insignificante
el modelo	la industria	intenso
la calidad	el petróleo	electrónico
el tipo de material	el segmento	
las instrucciones	la conexión	elaborar
la garantía		considerar
el intermediario	obvio	determinar
el distribuidor	demográfico	destinarse
la organización	migratorio	funcionar
la fórmula	controlable	informar
el objetivo	incontrolable	coordinarse
el avance	aceptable	informar
el movimiento	socioeconómico	depender
la tendencia	institucional	establecer
la evolución	legal	manifestarse
el estado	tecnológico	dominar
la economía	climatológico	modificar
el período	económico	respetar
la recesión	esencial	

Ejercicio 2   Complete each expression with the appropriate word(s).

1. controllable variable   la variable _____
2. uncontrollable variable   la _____ incontrolable
3. marketing director   el _____ de marketing
4. acceptable price   el precio _____
5. demographic distribution   la distribución _____
6. migratory movement   el _____ migratorio
7. national economy   la _____ nacional
8. period of recession   el período de _____
9. economic expansion   la _____ económica

10. ethnic origin   el _____ étnico
11. computerized programming   la _____ computadorizada
12. stereophonic sound   el sonido _____
13. petroleum industry   la _____ petrolera
14. electronics industry   la industria _____
15. technological advances   los avances _____

Ejercicio 3   Match the word in Column A with its definition in Column B.

A	B
1. el consumidor	a. dentro de la ley
2. modificar	b. evidente
3. individual	c. la parte, el grupo
4. idéntico	d. cambiar, hacer cambios que no son
5. legal	dramáticos
6. el distribuidor	e. de poca importancia, no muy
7. obvio	importante
8. cultural	f. el mismo
9. el segmento	g. la cantidad
10. informar	h. menos, más bajo
11. reducido	i. lo que se necesita
12. insignificante	j. absolutamente necesario
13. considerar	k. de la familia
14. el número	l. del individuo
15. esencial	m. relativo a la cultura
16. la necesidad	n. hacer conocer, dar información
17. familiar	o. el que distribuye algo
	p. el que usa o consume una cosa
	q. tomar en consideración

Ejercicio 4   Select the appropriate word(s) to complete each statement.
1. El vendedor me ha asegurado que el producto es de buena calidad. Me ha dado _____.
   a. una evolución   b. una garantía   c. un material
2. Es un factor sobre el cual no se puede ejercer ningún control. Es completamente _____.
   a. variable   b. controlable   c. incontrolable
3. Un factor importante en la fabricación de juguetes (toys) para niños es el tipo de _____ que se usa.
   a. modelo   b. material   c. organización
4. Es _____ que informa al público del (sobre el) producto.
   a. la publicidad   b. el control   c. la formación
5. Es necesario conocer las costumbres (customs) del grupo cultural al que está _____ el producto.
   a. destinado   b. considerado   c. organizado

Ejercicio 5 Match the English word or expression in Column A with its Spanish equivalent in Column B.

A	B
1. competition	a. la envoltura
2. competitive	b. las vías de comunicación
3. behavior	c. la competencia
4. management	d. competitivo
5. packaging	e. la etiqueta
6. labeling	f. el comportamiento
7. wording	g. el servicio posventa
8. warehousing	h. la dirección, la gerencia
9. handling	i. el almacenaje
10. directions	j. el modo de empleo
11. how to use	k. la redacción
12. brand, make	l. el precio
13. avenues of communication	m. las instrucciones
14. distribution channels	n. el manejo
15. price	o. la marca
16. profit	p. los canales de distribución
17. sales follow-up	q. el beneficio

Ejercicio 6 Complete each statement with the appropriate word(s).
1. Es necesario que la redacción del _____ lo haga fácil de entender (comprender).
2. Es importante dejar abiertas todas las _____ entre todos los partidarios. Todos tienen que comunicarse para resolver el problema.
3. Lo que cuesta el producto es el _____.
4. Hay por lo menos unas 50 _____ de automóviles.
5. El _____ de los consumidores puede tener una influencia en la demanda y en el éxito del producto.

Ejercicio 7 Select the topic that is being discussed.

el precio	los canales de distribución
la redacción	la envoltura
la competencia	el beneficio
el manejo	el modo de empleo

1. ¡Imposible! Te aseguro que los clientes no pagarán tanto. ¡Es increíble! El mercado no lo aceptará. Nunca.
2. ¡Qué cosa más complicada! Nadie va a comprender lo que están leyendo.
3. Es muy frágil. Por eso me parece que será imposible dejarlo unos días en el almacén.
4. Creo que lo debemos poner en una caja muy bonita envuelta en papel.
5. Y ahora hay que tomar algunas decisiones sobre los medios de transporte de la fábrica al almacén y del almacén al consumidor.

6. Es muy fácil usarlo. Aún un niño de cinco años lo sabría utilizar.
7. Cuesta mucho, ¿sabes? Tendríamos tantos gastos que no quedaría nada para la empresa. La dirección no estaría muy contenta.
8. Hay por lo menos 10 compañías que están vendiendo el mismo producto. Yo mismo te puedo nombrar 8.

Ejercicio 8   Match the English word or expression in Column A with its Spanish equivalent in Column B.

A	B
1. to launch	a. el mayorista
2. repairs	b. la tasa de natalidad
3. retailer	c. el ingreso, la renta
4. wholesaler	d. la tasa de desempleo
5. size	e. lanzar
6. source of income	f. las facilidades de crédito (de pago)
7. income	g. las reparaciones
8. gross national product	h. el medio ambiente
9. inflation rate	i. el detallista, el minorista
10. unemployment rate	j. la fusión
11. birth rate	k. el tamaño
12. education level	l. el producto nacional bruto
13. credit (installment) plan	m. el nivel de educación
14. price fixing	n. las fuentes de ingreso
15. merger	o. la tasa de inflación
16. environment	p. la fijación de los precios

Ejercicio 9   Give the word or expression being defined.
1. el que vende al por mayor
2. el que vende al por menor (al detal)
3. el porcentaje de la población que quiere trabajar sin poder encontrar empleo (trabajo)
4. la acción de remendar o reparar algo que está dañado o que no funciona
5. el grado de instrucción que ha recibido un individuo
6. lo que se hace para informar al público de la existencia de un producto nuevo por los medios de publicidad, etc.
7. la reunión de dos compañías o empresas
8. el aumento en los precios de bienes en un período determinado de tiempo
9. el plan que tiene un comercio para facilitar los pagos de sus clientes
10. de donde recibe el individuo su dinero
11. la acción de reunirse varias empresas para establecer un precio común
12. lo que gana un individuo—de su sueldo (salario) y de sus inversiones

Ejercicio 10   Match the English word or expression in Column A with its Spanish equivalent in Column B.

A	B
1. to foresee	a. el microambiente
2. to satisfy	b. el macroambiente
3. to assure	c. el presupuesto
4. to return	d. prever
5. to spend	e. el beneficio
6. macroenvironment	f. satisfacer
7. microenvironment	g. gastar
8. message	h. asegurar
9. budget	i. la meta
10. money back, refund	j. el mensaje
11. profit	k. el éxito
12. success	l. el reembolso
13. goal	m. rendir
14. to regulate	n. reglamentar

Ejercicio 11   Complete each statement with the appropriate word(s).

1. El director de marketing tiene que _____ las necesidades del mercado. Es decir debe tratar de determinar lo que va a pasar en el futuro.
2. Una _____ importante de una empresa es la de _____ a sus clientes.
3. Lo que le queda a la empresa después de deducir los gastos (costos) de los ingresos es el _____.
4. El _____ que la empresa quiere dar al público debe ser claro y honesto.
5. No quiere _____ más (dinero) de lo que recibe.
6. Un producto que se puede vender en grandes cantidades (que tiene mucha demanda) es un gran _____.
7. Un producto que se vende en grandes cantidades _____ beneficios a la empresa.
8. El gobierno tiene leyes que _____ las fusiones, la fijación de los precios, etc.
9. El _____ es una previsión de los ingresos y de los gastos de la empresa.

COMPRENSION

Ejercicio 1   Answer.

1. ¿Cuáles son las variables controlables del marketing?
2. ¿Qué es el «marketing mix»?

3. Antes de producir un producto nuevo, ¿cuáles son algunas decisiones que hay que tomar?
4. ¿Cuáles son algunos medios que se pueden utilizar para informar al público de la existencia del producto?
5. ¿Por qué es siempre un factor importante el precio?
6. ¿Es una variable controlable o incontrolable el comportamiento del consumidor?
7. ¿Cómo puede el clima tener una influencia en la venta de un producto?
8. ¿Qué hay que considerar antes de fijar o determinar el precio de un producto?
9. ¿Por qué se puede decir que todos los productos están en competencia?

Ejercicio 2   Explain to which of the four basic elements of the marketing mix each item refers.

      el producto   la promoción   la distribución   el precio

1. cómo transportar el producto del fabricante al consumidor
2. lo que se va a crear o desarrollar
3. los medios publicitarios (de publicidad)
4. la redacción del modo de empleo
5. la envoltura
6. las facilidades de crédito
7. el manejo
8. el presupuesto para lanzar el producto e informar al público sobre su existencia
9. el nombre de la marca

Ejercicio 3   True or false?

1. El tamaño del mercado al cual el producto está destinado determina su posible venta (potencial).
2. Durante un período económico de mucho desempleo, las ventas al por mayor aumentan.
3. En una región donde el ingreso medio de los habitantes es bastante bajo, el precio que se le asigna a un producto es una consideración muy importante.
4. La competencia perfecta es más corriente (frecuente) que la competencia imperfecta.
5. La industria del petróleo es un ejemplo de la competencia perfecta.
6. El marketing mix depende siempre del mercado que se quiere conquistar.
7. El marketing mix es una fórmula fija.

Mercados de consumo, producción y distribución

En principio, un mercado se forma de personas o empresas que tienen el poder y la autoridad para comprar. Hay tres tipos comunes de mercado. En el mercado de consumo se encuentran los individuos o grupos que compran los productos para su uso personal o para el uso de su familia. El mercado de producción está compuesto de individuos o empresas que compran un producto que servirá en la producción de otro producto. Un ejemplo es la compra de cuero[1] por un individuo o una compañía para la fabricación de zapatos. Esta transacción ocurre en el mercado de producción. El mercado de distribución se compone de los individuos o las empresas que compran un producto con el propósito de la reventa. Los mayoristas compran las mercancías para luego revenderlas a los detallistas.

Segmentación de mercado

Como ya se ha visto, gran número de variables afectan determinado mercado. El director de marketing debe, pues, analizar detalladamente el mercado y escoger la parte de ese mercado que mejor le conviene a su producto. Esa selección se llama «segmentación de mercado». La segmentación de mercado consiste en dividir el mercado en varios grupos que comparten entre sí las mismas características.

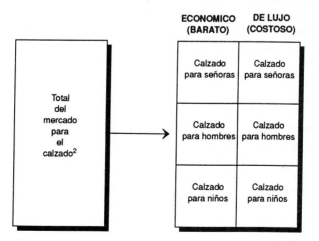

---

[1]*leather*   [2]*footwear, shoes*

Para cada grupo, el director de marketing o la persona responsable del marketing mix establece un programa de marketing destinado específicamente a ese grupo. Luego puede escoger el segmento o los segmentos más rentables. La segmentación de mercado le permite al director de marketing enfocar mejor sus estrategias. Puede concentrarse en los segmentos más rentables del mercado. Puede seguir fácilmente la evolución del segmento del mercado que ha escogido. Puede planificar mejor su campaña y su presupuesto publicitarios.

La segmentación de mercado requiere la existencia de ciertas condiciones. Hay que existir una posibilidad de segmentación, o sea, que existan ciertos grupos de consumidores que comparten las mismas necesidades y que reaccionan de una manera similar ante los programas del marketing mix. Las necesidades de los consumidores tienen que poder convertirse en productos o servicios sin demasiada dificultad. Los diferentes grupos de consumidores tienen que ser bastante importantes y bastante estables para poder ser un mercado.

¿Cómo se divide un mercado en segmentos? Se toman en consideración varios factores demográficos, económicos, sicológicos y sociológicos: ¿qué país? ¿qué región? ¿qué tipos de habitantes? ¿urbanos? ¿rurales? ¿residentes de ciudad o de suburbio? ¿qué edad? ¿de qué sexo? ¿viven solos? ¿son casados? ¿número de hijos? ¿edades de los hijos? ¿nivel de ingresos? ¿nivel de educación formal? ¿clase social? ¿origen étnico o religioso?

Y después hay que considerar unos factores más específicos, el modo de vida de los consumidores, por ejemplo. ¿Se trata de un ama de casa o de una pareja joven profesional? ¿Qué es lo que les motiva a comprar un producto, el precio o el prestigio? En todo caso, el problema es el de saber precisamente a quiénes se encontrarán en cada segmento del mercado. De hecho, mientras más segmentos hay, más suben los costos. Hay que tener mayores existencias y la producción y la distribución se complican.

Diferenciación de productos

Otra manera de enfrentar el mercado es con la presentación de un solo producto para todos los mercados, pero con algunas modificaciones menores según las necesidades de los consumidores. Esto es la diferenciación de productos. Así, una vez que se haya escogido el mercado o el segmento del mercado, la empresa está lista para desarrollar un programa de marketing para lanzar su producto en ese mercado.

ESTUDIO DE PALABRAS _____

Ejercicio 1   Study the following cognates that appear in this chapter.

el tipo	la transacción	la condición
la persona	la segmentación	la posibilidad
la autoridad	la característica	la necesidad
el individuo	la estrategia	la clase social
el grupo	la evolución	el origen
el uso personal	la producción	el prestigio

el producto	económico	afectar
la existencia	de lujo	analizar
la dificultad	étnico	dividir
la región	religioso	establecer
el residente	específico	concentrarse
el suburbio	estable	planificar
el sexo	demográfico	requerir
el factor	sicológico	reaccionar
el costo	sociológico	convertirse
la diferenciación	urbano	motivar
la presentación	rural	complicarse
la modificación		existir

Ejercicio 2   Match the word in Column A with its definition in Column B.

A	B
1. el segmento	a. difícil
2. el individuo	b. la parte del mercado
3. la segmentación	c. preciso
4. urbano	d. la división
5. rural	e. el residente
6. el sexo	f. la persona
7. específico	g. las afueras de la ciudad
8. complicado	h. de la ciudad
9. la modificación	i. del campo
10. el habitante	j. masculino o femenino
11. el suburbio	k. el cambio

Ejercicio 3   Match the verb in Column A with its noun form in Column B.

A	B
1. necesitar	a. la planificación
2. planificar	b. la segmentación
3. reaccionar	c. el requisito
4. convertir	d. la necesidad
5. producir	e. la reacción
6. segmentar	f. la presentación
7. modificar	g. la modificación
8. establecer	h. la conversión
9. presentar	i. la división
10. requerir	j. la producción
11. existir	k. el establecimiento
12. dividir	l. la existencia

Ejercicio 4   Complete each statement with the appropriate word(s).
1. Hay que dividir el mercado. Lo tenemos que _____.
2. Estas son generalidades. Para desarrollar un programa necesito detalles
_____.

3. La empresa sólo quiere producir productos _____, es decir, productos que van a rendir un beneficio.
4. El no puede pedir nada porque no tiene la _____ para comprar los materiales.
5. Es necesario _____ todas las opciones antes de tomar una decisión.

Ejercicio 5   Match the English word or expression in Column A with its Spanish equivalent in Column B.

A	B
1. power	a. la pareja profesional
2. purchase	b. el detallista
3. consumer market	c. el poder
4. personal use	d. el ama de casa
5. wholesaler	e. la compra
6. retailer	f. subir
7. profitable	g. el mercado de consumo
8. advertising campaign	h. el uso personal
9. income level	i. el mayorista
10. life-style	j. la reventa
11. homemaker	k. la campaña publicitaria
12. professional couple	l. el modo de vida
13. age	m. compartir
14. to develop	n. rentable
15. to increase, go up	o. desarrollar
16. to launch	p. el nivel de ingresos
17. to share	q. la edad
18. resale	r. lanzar

Ejercicio 6   Select the appropriate word(s) to complete each statement.
1. El mayorista compra mercancías en grandes cantidades para _____.
   a. distribuirlas   b. revenderlas   c. segmentarlas
2. Ese señor es muy rico. Tiene un _____ bastante alto.
   a. uso personal   b. poder   c. nivel de ingresos
3. El compró el cepillo de dientes (*toothbrush*) para _____.
   a. su uso personal   b. el prestigio   c. el modo de empleo
4. El vive muy bien. Tiene un _____ agradable.
   a. uso   b. mercado   c. modo de vida
5. El Porsche, lo compró por _____.
   a. la economía   b. el prestigio   c. el modo de uso
6. El ama de casa trabaja _____.
   a. para una gran empresa   b. en casa   c. en un taller
7. Antes de lanzar un producto, hay que planificar _____.
   a. un nivel de ingresos   b. un mercado controlable
   c. una campaña publicitaria

8. El ha realizado muchos beneficios. Tiene un negocio _____.
   a. específico   b. rentable   c. al por mayor
9. El quiere _____ un programa de ventas.
   a. subir   c. compartir   c. desarrollar
10. Es casi siempre necesario _____ el mercado con los competidores.
    a. subir   b. compartir   c. desarrollar

COMPRENSION

Ejercicio 1   Answer.
1. El director de marketing debe dividir el mercado en varios grupos. ¿Por qué?
2. ¿Cuál es el término técnico que se le da a esta división?
3. Para el director de marketing, ¿cuáles son las ventajas de la segmentación del mercado?
4. Antes de segmentar el mercado, ¿qué hay que determinar?
5. ¿Cómo y por qué puede ser complicada la segmentación?
6. Una vez que se ha determinado el mercado de cierto producto, ¿qué tiene que hacer la empresa?

Ejercicio 2   Identify the type of market referred to.
1. El señor Contreras acaba de comprar un par de zapatos para su hijo.
2. La señorita Benavides ha pedido cien metros de seda *(silk)* muy fina para confeccionar (hacer) vestidos elegantes destinados a señoras muy acomodadas (ricas).
3. La señora Carrasco ha comprado muebles para la sala de su casa.
4. La señora Gorostiza es dueña (propietaria) de una tienda. Ella ha comprado una cantidad de muebles que va a revender en su tienda.

Ejercicio 3   You are about to prepare a report on the marketability of a line of men's and women's sportswear. The market for this product line is enormous and you want to segment it. Prepare a list in Spanish of the factors that you must take into account in segmenting this market. Give examples of the factors that you must consider in each of the following categories.
1. la demografía
2. la economía
3. la sicología
4. la sociología
5. el clima

Capítulo 17

INVESTIGACION COMERCIAL

Investigación comercial en marketing

Hoy la investigación en marketing llega a ser una necesidad para muchas empresas que dedican una proporción importante de su presupuesto a los estudios de mercado. Además hace algún tiempo que estos estudios incluyen también, muy a menudo, la investigación sobre las responsabilidades sociales y los controles de tipos político, legal y social, tales como los derechos del consumidor, la protección del medio ambiente, etc. Para tener éxito en el mercado con la introducción de un producto nuevo, hay que conocer las necesidades de los consumidores potenciales de ese producto. Por eso se tiene que analizar el macroambiente (véase el capítulo 15), es decir, los factores socioeconómicos, competitivos, institucionales, tecnológicos y legales que influyen en esas necesidades. También es preciso estar preparado para los cambios que pueden producirse rápidamente. Para eso se vale de la investigación comercial y otra información.

Es difícil diseñar un programa de investigación comercial. Los gustos de los consumidores pueden cambiar de repente y los estudios científicos todavía son imprecisos o demasiado provisionales; por consiguiente, no permiten anticipar lo que será el mercado futuro, que es lo que más importa saber. Muchas veces hay una falta de comunicación entre el investigador que analiza científicamente los datos humanos y sociales y el director de marketing que debe usar esos datos para tomar las decisiones comerciales. La complejidad de la tarea de diseñar un programa de investigación comercial requiere una planificación más o menos detallada. El modelo que aparece en la página 117 muestra todas las etapas posibles. Según el caso, algunas no serán necesarias y se podrían eliminar.

Diferentes etapas de la investigación comercial

Los directores de una corporación se reúnen periódicamente para examinar la rentabilidad de la empresa. Si descubren una disminución en los beneficios, deben intervenir.

Análisis y definición del problema El primer paso es el de aislar el problema y de definir su naturaleza. Para identificar el problema o los problemas, los investigadores se fijan en los cuatro factores: producto, distribución, promoción y precio.

Investigación informal A veces se puede identificar el problema mediante una encuesta interna dentro de la empresa con los servicios o grupos interesados; es ésta la investigación informal que se ve en el modelo en la página 117.

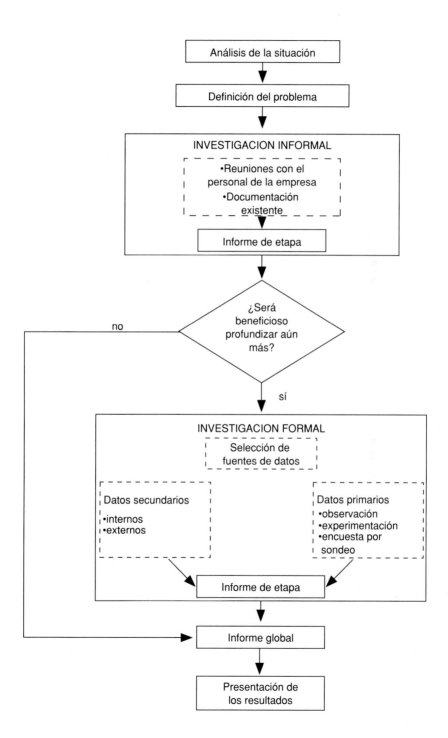

Investigación formal Si la encuesta empleada en la investigación informal no basta, se puede recurrir[1] a otras fuentes de información. Estas pueden ser secundarias y derivadas de datos relacionados indirectamente con el problema o pueden ser primarias, derivadas de datos directamente relacionados con el problema.

Fuentes secundarias de investigación Hay dos tipos de fuentes secundarias: las fuentes internas y las fuentes externas. Las fuentes internas son el servicio contable y el personal de ventas. El sistema contable registra todos los pasos desde el momento en que se hace el pedido hasta la entrega del producto al cliente. Hoy día, gracias a la informática, los pequeños negocios igual que las grandes empresas tienen un sistema contable sofisticado que les provee toda la información necesaria en muy poco tiempo. El personal de ventas es también una fuente secundaria. Los vendedores están en contacto constantemente con sus clientes, y por eso conocen bien el mercado. Lamentablemente, los datos que ellos recogen no siempre se registran. Esto se debe a una falta en el sistema de comunicación interno o a la reserva de los mismos vendedores que, porque viven de sus comisiones, prefieren dedicar todo su tiempo sólo a las ventas y nada más.

Las fuentes secundarias externas son todo lo que se publica: colecciones de estadísticas, publicaciones profesionales, informes publicados por compañías especializadas, publicaciones de los medios publicitarios, tesis universitarias, enciclopedias, etc. A pesar de que los datos secundarios son fáciles de obtener y poco costosos, ellos presentan ciertas desventajas en cuanto a la medida[2] en que corresponden a las necesidades de la empresa. En estos casos se recurre a las fuentes primarias; se recogen los datos que respondan con precisión a las preguntas.

Fuentes primarias de investigación Los datos de las fuentes primarias se obtienen de tres maneras: por la observación, la experimentación y los sondeos de opinión.

La observación, como indica su nombre, consiste en observar el comportamiento de los consumidores (o a veces los vendedores). Para hacer esta observación, en muchas tiendas se emplean cámaras ocultas. Es un sistema de vigilancia que al mismo tiempo sirve para estudiar el ir y venir de los clientes. Los tornos de entrada por los que pasan los clientes al entrar y salir sirven para contar el número de clientes que frecuentan una tienda en un momento dado. Los datos que se recogen de esta manera son relativamente limitados y deben ser complementados por otra información.

La experimentación vale para estudiar las relaciones de causa y efecto. Por ejemplo, para determinar el tipo de publicidad más efectivo, se experimenta con varios temas publicitarios para distintos mercados y después se analizan los resultados. Este método es costoso y no sirve para responder a todas las preguntas que se plantean.

---

[1] *turn*   [2] *to the extent*

La encuesta por sondeo consiste en interrogar a una muestra de la población para estudiar sus actitudes, opiniones, comportamiento actual y pasado, enfocando en un problema de marketing bien definido. Para esto se deben considerar tres factores: el cuestionario, la muestra y las bases de la encuesta.

El cuestionario debe ser diseñado de diferente manera según el método de uso—entrevista personal, encuesta por teléfono o cuestionario enviado por correo. No hay una fórmula para preparar un cuestionario. Es cuestión de sentido común. Se prepara un borrador o cuestionario preliminar, que se aplica a un grupo pequeño. Después de estudiar las reacciones de estas personas, se prepara la versión final del cuestionario.

La muestra se escoge a base de un plan de muestra que es una lista de personas o empresas que son representativas del público o mercado deseado. Esta lista puede ser una lista de votantes electorales o la guía telefónica. Después hay que decidir cuál será el tamaño de la muestra.

Las bases o soportes de la encuesta, que son el método que se utilizará para ponerse en contacto con el público, siempre deben tomarse en consideración. ¿Se usará el teléfono o el correo? ¿Se entrevistará en el domicilio? El correo es el método más barato, pero la tasa de devolución es muy baja. El teléfono es caro y la comunicación por teléfono es frecuentemente difícil. La encuesta en el domicilio es el método más atractivo y más beneficioso cuando se esfuerza en recoger los datos. El encuestador puede obtener con precisión las respuestas necesarias, y la tasa de devolución es obviamente muy alta. Pero la encuesta en el domicilio es también el método más caro. Hay que pagar a los encuestadores.

Hoy el análisis de datos lo hace la computadora. Una vez que los datos se entran en la memoria, hay que interpretarlos. Es ahora que entra en juego la estadística. Los avances en las técnicas de análisis estadístico y en los programas de computadoras son dramáticos. Estas dos son las herramientas más valiosas para el investigador. En general, se puede decir que los avances en la informática y su empleo en gran escala han contribuido mucho al desarrollo de marketing. No solamente en lo que se relaciona con el análisis de datos, sino más y más con la colección de datos. El uso de lectores ópticos en los supermercados, por ejemplo, provee en seguida información sobre los productos, las existencias, los precios y otros factores.

ESTUDIO DE PALABRAS

Ejercicio 1   Study the following cognates that appear in this chapter.

la proporción	la definición	la comisión
el estudio	el problema	la colección
la responsabilidad	la observación	la estadística
el control	la experimentación	el cuestionario
la introducción	la disminución	la fórmula
la información	la vigilancia	la versión

la situación	tecnológico	analizar
el cliente	científico	influir
el análisis	impreciso	permitir
el soporte	provisional	anticipar
la computadora	futuro	profundizar
la memoria	derivado	examinar
el avance	relacionado	intervenir
	sofisticado	aislar
constantemente	especializado	identificar
político	limitado	obtener
legal	final	interrogar
potencial	atractivo	aplicarse
socioeconómico	externo	interpretar
competitivo	interno	
institucional		

Ejercicio 2   Match the verb in Column A with its noun form in Column B.

A	B
1. introducir	a. la influencia
2. analizar	b. el permiso
3. influir	c. el experimento, la experimentación
4. informar	d. la identificación
5. permitir	e. la disminución
6. definir	f. el análisis
7. observar	g. el aislamiento
8. experimentar	h. la observación
9. disminuir	i. la información, el informe
10. intervenir	j. la interpretación
11. aislar	k. la intervención
12. identificar	l. la definición
13. interpretar	m. la introducción

Ejercicio 3   Match the word in Column A with its definition in Column B.

A	B
1. legal	a. temporal, temporario
2. potencial	b. estudiar detalladamente
3. impreciso	c. siempre
4. provisional	d. de la ley
5. anticipar	e. preguntar
6. analizar	f. posible en el futuro
7. sofisticado	g. externo
8. constantemente	h. indefinido
9. interrogar	i. tecnológicamente moderno y
10. del exterior	avanzado
	j. prever, determinar de antemano

Ejercicio 4   Match the English word or expression in Column A with its Spanish equivalent in Column B.

A	B
1. opinion poll	a. el sondeo de opinión
2. survey	b. el cliente potencial
3. surveyor, pollster	c. un programa de investigación
4. data	d. recoger
5. sample, sampling	e. la encuesta
6. rate of return	f. el encuestador
7. door-to-door survey	g. la protección del medio ambiente
8. prospective customer	h. la complejidad
9. consumers' rights	i. los datos
10. environmental protection	j. la encuesta a domicilio
11. data source	k. la muestra
12. to design	l. la tarea
13. research project	m. la tasa de devolución
14. researcher	n. los derechos del consumidor
15. task	o. la fuente de datos
16. complexity	p. el tamaño
17. to gather, collect	q. diseñar
18. size	r. el investigador

Ejercicio 5   Answer.

1. Quisiera saber lo que opina la gente. ¿Qué debo hacer?
2. Es imposible entrevistar a la población entera. ¿Qué debo escoger?
3. Juan hace encuestas. ¿Cuál es su profesión?
4. Si hacemos una encuesta por correo, recibiremos muy pocas contestaciones. ¿Qué será muy baja?
5. Creo que el señor Salas comprará tal producto. ¿Qué es el señor Salas?
6. No es válido el resultado de una encuesta de diez personas. ¿Qué es necesario tener para que los resultados de la encuesta sean válidos?
7. Vamos a recoger muchas opiniones e informes y luego vamos a analizar los resultados. ¿De qué se habla?
8. ¿Es posible diseñar un solo cuestionario para cualquier sondeo?

Ejercicio 6   Match the definition in Column A with the word or expression it defines in Column B.

A	B
1. el que hace encuestas	a. la protección del medio ambiente
2. los informes	b. la encuesta a domicilio
3. las reglamentaciones para controlar la contaminación del aire, del mar, etc.	c. el encuestador
	d. los datos
4. reglamentaciones para controlar los abusos contra el público	e. la fuente de datos
	f. los derechos del consumidor
	g. recoger

5. de donde vienen los informes
6. coleccionar
7. el que hace investigaciones
8. preparar o hacer un diseño
9. una encuesta que se efectúa de
   casa en casa

h. el investigador
i. diseñar

Ejercicio 7 Match the English word or expression in Column A with its Spanish equivalent in Column B.

A	B
1. computer science	a. la etapa
2. research project	b. la entrevista
3. accounting department	c. la rentabilidad
4. profitability	d. la empresa grande
5. order	e. la informática
6. sales force	f. el pedido
7. sales rep	g. el comercio pequeño
8. lack	h. el lector óptico
9. stage	i. el programa de investigación
10. cause and effect	j. la falta, la escasez
11. turnstile	k. el servicio contable (de contabilidad)
12. hidden camera	l. causa y efecto
13. scanner	m. el personal de ventas
14. delivery	n. la entrega
15. small business	o. el vendedor
16. large company	p. el torno de entrada
17. advertising media	q. la herramienta
18. interview	r. la cámara oculta
19. tool	s. los medios publicitarios
20. to publish	t. publicar

Ejercicio 8 Complete each statement with the appropriate word(s).
1. Casi todas las grandes líneas aéreas han hecho _____ a Boeing para comprar nuevos aviones.
2. Boeing tiene miedo de no poder _____ a tiempo todos los aviones pedidos.
3. Muchas líneas aéreas están confrontándose con problemas fiscales que afectan negativamente la _____ de la compañía.
4. Los pasajeros frecuentes, o sea, los que toman muchos vuelos cada año, dicen que hay una _____ de servicio abordo de los aviones. Es decir que el servicio no es muy bueno.
5. En los aeropuertos hay _____ para vigilar el ir y venir de los pasajeros.
6. Le pagan un sueldo más una _____ por cada unidad vendida. El es _____.

7. Hay muchas _____ en un programa de investigación.
8. Hoy día muchos supermercados tienen _____ en la caja y _____ en los pasillos.
9. La IBM es una _____ y Comestibles Hermanos González es un _____ pequeño.
10. Una casa editorial _____ libros.
11. El quiere hablar con el director de la compañía. Quiere tener una _____ con él.

Ejercicio 9   Select who or what would give the following information.

el personal de ventas   el servicio contable
la computadora   el torno de entrada
el lector óptico   la cámara oculta

1. el número de clientes que entran y salen de la tienda
2. el ir y venir de los clientes en la tienda
3. quien ha robado algo
4. los ingresos de la empresa
5. la actitud o la opinión que tienen los consumidores del producto
6. el número de botellas de leche que se han vendido en un período determinado de tiempo

Ejercicio 10   Select the appropriate word(s) to complete each statement.
1. De entre todos los datos recogidos (coleccionados) hay que _____ el problema.
   a. analizar   b. anticipar   c. aislar
2. Desgraciadamente no es fácil _____ los cambios socioeconómicos frecuentemente rápidos (repentinos) que tendrán una influencia (influirán) en el mercado.
   a. analizar   b. anticipar   c. necesitar
3. Hay que _____ los informes (la información, los datos) y _____ los resultados.
   a. recoger   b. definir   c. analizar
   a. recoger   b. definir   c. analizar
4. Ud. puede identificar la causa o _____ del problema.
   a. la complejidad   b. el cambio   c. la fuente
5. Un buen vendedor siempre está en _____ con sus clientes.
   a. comisión   b. contacto   c. vigilancia

COMPRENSION

Ejercicio 1   True or false?
1. Si los directores de una empresa (sociedad, compañía) notan que hay una baja en (disminución de) los ingresos, saben que la rentabilidad de la empresa se está mejorando o aumentando (subiendo).

2. Si existe en el mercado una falta de interés en cierto producto, un sondeo de opinión puede identificar la razón o la fuente del problema.
3. Hay una fórmula fija para redactar un buen cuestionario para una encuesta o un sondeo.
4. El tamaño de la muestra debe ser siempre pequeña para garantizar la validez de los resultados.
5. El análisis de los datos hoy en día se efectúa casi exclusivamente por medio de la informática.

Ejercicio 2   Answer.
1. ¿Qué hay que saber para lanzar un nuevo producto con éxito?
2. ¿Por qué es difícil anticipar (lo que será) el mercado en el futuro?
3. Si una empresa prevé o anticipa una disminución en las ventas, ¿qué deben hacer los directores (gerentes) en seguida?
4. ¿Por qué puede el personal de ventas ofrecer información útil a los directores?
5. ¿Se considera la encuesta a domicilio un medio costoso o económico para hacer una encuesta?

Ejercicio 3   State under which category each statement falls.
       la observación   la experimentación   la encuesta
1. Se decide estudiar el comportamiento de los consumidores.
2. Vamos a utilizar o, mejor dicho, probar varios medios publicitarios.
3. Vamos a determinar el número de clientes que frecuentan cierta categoría de tienda.
4. Vamos a enviar por correo un cuestionario a una muestra de clientes.
5. Vamos a usar varios tipos de envoltura para determinar cuál influye positivamente en las ventas.

Ejercicio 4   Make a list in Spanish of the resources available in carrying out a research project.

Ejercicio 5   In Spanish, give the information that each of the sources from Exercise 4 can provide.

Capítulo 18
EL CONSUMIDOR

El papel de marketing es, en primer lugar, el de satisfacer las necesidades del consumidor. Pero para satisfacer esas necesidades primero hay que conocer el comportamiento de los consumidores potenciales. Es éste el microambiente que se estudió a la ligera en el capítulo 15. Cuando se estudia el comportamiento de los consumidores hay que considerar dos tipos de factores: los factores sicológicos y el ambiente cultural y social.

Factores sicológicos

Son los mecanismos personales que hacen que un individuo compre un producto en lugar de otro. Hay dos factores que entran en juego: la percepción y la motivación.

Percepción El individuo se hace consciente de su entorno por medio de sus cinco sentidos—el tacto, el gusto, la vista, el olfato y el oído. La persona organiza e interpreta después los estímulos a los que se expone. Los interpreta no solamente en función del estímulo de por sí, sino según el estado en que él se encuentra en aquel momento. Por otra parte, su percepción es selectiva. El individuo no reacciona ante todos los estímulos que recibe.

El director de marketing debe, entonces, tratar de llamar la atención del consumidor primero a ciertos puntos cuidadosamente seleccionados. Por eso debe pensar en los estímulos para cada uno de los sentidos. Por ejemplo, el alumbrado[1] para un anuncio debe ser exactamente lo necesario, ni muy débil ni muy fuerte. El tamaño y el color de los anuncios publicitarios también deben ser estudiados con cuidado. La repetición de un mismo mensaje es también eficaz. En otras áreas algunos emplean los mensajes subliminales. Estos se efectúan con una imagen tan rápidamente proyectada que sólo se percibe a nivel subconsciente. Porque se vale de un control sicológico de la personalidad, este tipo de publicidad se prohíbe en muchos países. La percepción depende también de las actitudes de los consumidores. Al seleccionar ciertos estímulos, el consumidor los organiza dentro de un sistema y llega a ciertas conclusiones, «esta marca es superior a aquélla», por ejemplo.

---

[1]*lighting*

Motivación   El consumidor compra para satisfacer sus necesidades. Estas necesidades son múltiples. Abraham Maslow las clasifica de la siguiente manera:

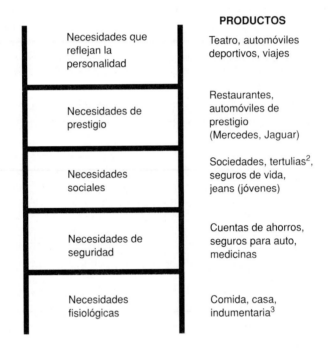

	PRODUCTOS
Necesidades que reflejan la personalidad	Teatro, automóviles deportivos, viajes
Necesidades de prestigio	Restaurantes, automóviles de prestigio (Mercedes, Jaguar)
Necesidades sociales	Sociedades, tertulias[2], seguros de vida, jeans (jóvenes)
Necesidades de seguridad	Cuentas de ahorros, seguros para auto, medicinas
Necesidades fisiológicas	Comida, casa, indumentaria[3]

Para Maslow, hay cinco niveles de necesidades divididos en dos categorías: las necesidades fisiológicas (la comida, la casa y la ropa) y las necesidades sicológicas (ser aceptado y admirado de sus iguales, ser protegido, amado, etc.). Es importante notar que Maslow denomina «jerarquía» a esta clasificación. Las necesidades se satisfacen primero al fondo[4] de la escala y después más arriba. De hecho, las necesidades sicológicas son difíciles de satisfacer mientras que las fisiológicas no lo son. Por otra parte, se pueden satisfacer las necesidades en dos niveles diferentes al mismo tiempo. Por ejemplo, se puede preparar un plato delicioso para satisfacer el hambre de los invitados, pero también se puede gozar de los elogios[5] de esos invitados. Porque a menudo las necesidades sicológicas intervienen, la motivación para comprar es inconsciente y ni los mismos consumidores la reconocen.

La personalidad del consumidor es otro factor importante. El concepto de la personalidad del consumidor ha sido el objetivo de muchas investigaciones de marketing. La definición de un mercado en términos de la personalidad del consumidor es una idea seductiva pero difícil de realizar.

---

[2]*social gathering*   [3]*clothing*   [4]*bottom*   [5]*praise*

Ambiente cultural y social

En nuestros tiempos la estructura de la familia cambia con gran rapidez. Con más frecuencia las mujeres trabajan fuera del hogar y los maridos participan en los quehaceres domésticos. Por consiguiente, el director de marketing debe modificar su estrategia. Así, debe considerar a la familia como una unidad cuando trata de la promoción de un producto. El caso clásico de la compra de un automóvil ha sido objeto de numerosos estudios de marketing. Se debe responder a las necesidades de la familia como familia, además de responder a las necesidades de cada miembro de la familia. El papel de cada miembro de la familia es importante para el director de marketing. ¿Quién toma la iniciativa para la compra? ¿Quién decide lo que se comprará? ¿Quién paga? ¿Qué influencia tienen los hijos? El director de marketing tiene que buscar respuesta a cada una de estas preguntas.

Grupos de referencia Los amigos, los compañeros de trabajo, los vecinos, todos tienen influencia. Es común pedirles consejos a los amigos antes de hacer una compra, y en general se respeta la opinión de los amigos. También hay clubes y asociaciones profesionales. En todos estos grupos es frecuente que haya una persona con mucha influencia sobre los demás socios y miembros. A esta persona se le llama «líder de opinión». Es importante poder identificar el comportamiento de estos líderes de opinión porque los otros los van a imitar.

Clase social Existen grandes diferencias entre las actitudes de personas que pertenecen a distintas clases sociales. Cada clase social ha sido objeto de numerosos estudios de marketing que forman la base de las estrategias de comercialización (marketing). Estas estrategias están diseñadas específicamente para cada clase social.

Cultura La cultura es un sistema de valores y reglas propias de una sociedad. La cocina, por ejemplo, varía de país en país. Aún dentro de un mismo país hay diferentes grupos culturales con sus propias costumbres y sus propias necesidades. Así es que hay que emplear estrategias de marketing que toman en cuenta esas necesidades. Los grupos hispanos son de creciente importancia en los EE.UU. y por consiguiente ciertas estrategias de marketing se dirigen precisamente a estos grupos.

La decisión de comprar

¿Cómo es que el consumidor toma la decisión de comprar? Se puede dividir el proceso en tres pasos.

Reconocimiento de una necesidad Como se explicó en el capítulo 17, las necesidades del consumidor son de orden sicológico, fisiológico o de ambos a la vez. El consumidor posiblemente se ve sometido[6] a presiones exteriores, como la publicidad o la influencia de la familia para comprar cierto producto, o puede decidir por sí mismo hacerlo.

Investigación o búsqueda de información El consumidor se informa sobre los productos que piensa obtener. Si el consumidor es despierto[7], no tiene que limitarse a lo que le dice la publicidad. Puede consultar las publicaciones de las asociaciones de consumidores, por ejemplo.

---

[6]*subjected*   [7]*smart, wise, alert*

Evaluación de alternativas Una vez que tiene todos los datos necesarios, el consumidor prepara una escala de prioridades y evalúa las alternativas que se le ofrecen. Después toma la decisión.

La compra El consumidor decide comprar un producto específico. Entonces busca la tienda o empresa que le ofrece las mejores condiciones de pago y, si es necesario, el mejor servicio posventa.

Servicio posventa El propósito de marketing no es solamente hacer que se compre un producto, sino también asegurar que el consumidor se quede satisfecho, que compre de nuevo el producto en el futuro y que lo recomiende a otros posibles compradores. A menudo el consumidor se queda con alguna duda después de haber comprado un producto. Esto se llama «disonancia cognoscitiva». Para calmar y asegurar a los consumidores, muchas empresas les proveen literatura promocional o garantías de cambio o reembolso. Pero el consumidor quiere asegurarse a sí mismo. Por eso lee el material publicitario y los artículos de revistas especializadas después de haber comprado el producto. Este factor es importante y merece la atención de la empresa.

Es obvio lo importante que es tener un conocimiento profundo de los consumidores a quienes se dirige la empresa. Y la tarea no es fácil, dados el número y la complejidad de los factores que afectan las selecciones de los consumidores.

ESTUDIO DE PALABRAS

Ejercicio 1 Study the following cognates that appear in this chapter.

la necesidad	la asociación	múltiple
el mecanismo	la clase social	fisiológico
la percepción	la prioridad	admirado
la motivación	la alternativa	promocional
el estímulo	la literatura	
la repetición		interpretar
la personalidad	sicológico	reaccionar ante
la actitud	cultural	proyectar
el prestigio	social	prohibir
la categoría	personal	modificar
la estructura	selectivo	evaluar
la iniciativa	subliminal	calmar
el club	subconsciente	recomendar

Ejercicio 2 Match the verb in Column A with its noun form in Column B.

A	B
1. necesitar	a. la evaluación
2. percibir	b. la necesidad
3. motivar	c. la modificación
4. reaccionar	d. la asociación
5. modificar	e. la reacción

6. asociar
7. evaluar
8. recomendar

f. la percepción
g. la motivación
h. la recomendación

Ejercicio 3   Give the word being defined.
1. el contrario de «consciente»
2. lo que se necesita; una cosa necesaria
3. como ve una persona una cosa, la idea que tiene el individuo de algo
4. el estímulo para hacer algo
5. no permitir, no dejar
6. la clase, la clasificación
7. cambiar, alterar
8. pacificar

Ejercicio 4   Complete each statement with the appropriate word(s).
1. Si un cliente está satisfecho con un producto, lo querrá _____ a otra persona.
2. No es raro que la percepción que tiene un individuo de algo venga de su _____.
3. Se debe tener una _____ positiva sobre los diferentes grupos sociales y culturales.
4. El origen _____ de un individuo afecta sus costumbres, su comportamiento y aún su comida.
5. La clase _____ de un individuo influye en sus actitudes y el tipo de compras que hace.

Ejercicio 5   Match the English word or expression in Column A with its Spanish equivalent in Column B.

A	B
1. to come into play	a. los quehaceres domésticos
2. to react	b. los valores
3. household chores	c. cambiar
4. scale	d. el alumbrado
5. peer	e. entrar en juego
6. life insurance	f. el hogar
7. to exchange	g. el igual
8. outside pressure	h. reaccionar
9. behavior	i. el anuncio publicitario
10. lighting	j. el seguro de vida
11. advertisement	k. las presiones exteriores
12. message	l. el comportamiento
13. household, home	m. el mensaje
14. values	n. la escala
15. money back	o. la cuenta de ahorros
16. savings account	p. el reembolso

Ejercicio 6   Select the appropriate word(s) to complete each statement.
1. Un colega es un _____.
   a. miembro de la familia   b. jefe   c. compañero de trabajo
2. Si la empresa tiene una política de _____, el cliente puede devolver la mercancía que no le satisface y la empresa le devolverá el dinero que pagó.
   a. cambio   b. reembolso   c. garantía
3. El mercado _____ negativamente cuando su percepción de un producto es mala.
   a. reacciona   b. evalúa   c. entra en juego
4. Hoy en día muchas señoras trabajan fuera del hogar y muchos maridos ayudan con los quehaceres _____.
   a. sociales   b. selectivos   c. domésticos
5. Una motivación sicológica fuerte es la de ser aceptado y admirado _____.
   a. del mercado   b. de los iguales   c. de los valores
6. _____ que uno recibe de sus familiares e iguales influye en las decisiones de un individuo.
   a. El seguro   b. La escala   c. La presión
7. Si al cliente no le satisface el producto, lo puede _____.
   a. comprar   b. cambiar   c. aceptar
8. Muchas empresas ponen _____ en los periódicos y en las revistas.
   a. presiones   b. garantías   c. anuncios publicitarios
9. Como actúan los individuos es su _____.
   a. comportamiento   b. seguro   c. cuenta
10. Si ella quiere guardar su dinero y no gastarlo, debe tener _____.
    a. un seguro de vida   b. un mensaje   c. una cuenta de ahorros

Ejercicio 7   Match the senses (**los sentidos**) with the verbs.
1. ver   a. el tacto
2. gustar   b. el olfato
3. tocar   c. la vista
4. oír   d. el oído
5. oler   e. el gusto

COMPRENSION

Ejercicio 1   Answer.
1. ¿Cuál es el papel primordial (número uno) del marketing?
2. Para realizar ese objetivo (esa meta), ¿qué hay que conocer?
3. Para conocerlo, ¿qué es necesario considerar?
4. ¿Por qué debe el director de marketing tratar de estimular cada uno de los sentidos de los consumidores potenciales?
5. ¿Cómo está cambiando la estructura familiar actualmente?

6. ¿Quiénes son los «líderes de opinión»?
7. ¿Por qué son importantes estas personas para el director de marketing?

Ejercicio 2 Tell what type of need is being met when an individual does the following.

1. Compra un automóvil de lujo.
2. Abre una cuenta de ahorros en el banco.
3. Busca un apartamento.
4. Come algo.
5. Compra boletos para el teatro.
6. Se hace miembro de una asociación deportiva.
7. Va a un restaurante «chic».
8. Compra una póliza de seguros.

Ejercicio 3 Very often people do something for more than one reason without even being aware of it. Answer the following questions based on the information given.

1. El señor Espronceda tiene unos invitados y les prepara una comida exquisita. Decide cocinar (preparar) todas sus especialidades. ¿Qué hace el señor Espronceda para satisfacer el hambre de sus invitados? ¿Y por qué decide el señor preparar una comida tan elegante?
2. La señora Córdoba acaba de comprar un Mercedes, modelo 300 CE. ¿Qué ha hecho la señora para satisfacer la necesidad de tener un medio de transporte? ¿Por qué ha comprado la señora un coche tan costoso?

Ejercicio 4 Answer the following questions as if your family were about to purchase an automobile.

1. ¿Quién iniciaría la posibilidad de hacer tal compra?
2. ¿Quién tomaría la decisión de comprar el coche?
3. ¿Quién escogería la marca y el modelo del coche que la familia compraría?
4. ¿Quién seleccionaría el color?
5. ¿Quién seleccionaría la transmisión—automática o manual?
6. ¿Quién pagaría?
7. ¿Cómo pagaría?

Ejercicio 5 In Spanish, make a list of possible **servicios posventa.**

Ejercicio 6 Identify the decision process being discussed.

1. Voy a comprar estas dos revistas para consumidores para ver si hay artículos sobre máquinas de lavar (lavadoras).
2. Quiero comparar la duración de cada ciclo—lavado, enjuague, secado—de estas dos marcas.
3. Voy a comprar el modelo A marca X.
4. Pienso comprarme una lavadora nueva.
5. Voy a comparar los dos modelos de esta misma marca.
6. La compraré en la tienda que me dé las mejores condiciones de pago.

Capítulo 19
EL PRODUCTO

Como ya se ha dicho, lo que busca el consumidor, ante todo, es quedar satisfecho, y es la tarea del director de marketing satisfacerle.

¿Qué es un producto?

El concepto de producto hoy día también incluye los «servicios». Los servicios no tienen forma tangible. Ejemplos de servicios son el servicio contable y el servicio legal, es decir, los servicios que proveen los contables y los abogados. A menudo las empresas ofrecen más de un solo producto. Ponen en venta series o líneas de productos. Una «línea» de productos consiste de un grupo de productos de un mismo género o tipo. Todos los modelos de computadora fabricados por la misma empresa, la IBM, por ejemplo, son una «línea». Una empresa puede ofrecer muchas líneas de productos, tanto computadoras como televisores. Todas las diferentes líneas que ofrece una empresa en conjunto[1] son la «gama» de productos de la empresa.

¿Cómo presentar el producto?

Cuando se decide introducir un producto al mercado, el director de marketing se confronta con dos problemas: la marca y el embalaje o envoltura.

Marca La definición de «marca» es «un nombre, una palabra, un diseño, un símbolo o cualquier combinación de esos elementos que sirve para identificar los bienes o servicios de una empresa o de un grupo de vendedores para diferenciarlos de sus competidores»[†]. Así la marca incluye no sólo el nombre comercial sino el emblema también.

Es valioso tener una «marca registrada» para asegurarse de tener posesión exclusiva de esa marca. Una marca registrada incluye las palabras, los emblemas, los diseños, los colores y el estilo de imprenta[2] que se emplea.

---

[1]*altogether* [2]*printing*
[†]American Marketing Association, *Marketing Definitions, A Glossary of Marketing Terms*, Chicago, 1960.

¿Para qué tener una marca? Para identificar el producto. Más aún, para diferenciarlo de los competidores y para darles a los consumidores ciertas garantías de calidad. Pero un producto no tiene que llevar una marca. Le podría faltar a la empresa un presupuesto suficiente para la promoción. Quizás no se puede garantizar una calidad constante, o será difícil ponerle una marca al producto. Se trata entonces de productos «genéricos». Por lo general se considera ventajosa para la empresa y para el consumidor la existencia de una marca. Además de los factores ya mencionados, la marca le ofrece al consumidor una satisfacción sicológica y asegura que ha escogido bien el producto. Esto es la «imagen de la marca». También existe la ventaja para el consumidor de la responsabilidad que tiene el fabricante para desarrollar y mejorar la calidad de su producto.

Selección de una marca Es deseable un nombre corto, fácil de pronunciar y recordar, mejor aún en varios idiomas. También debe hacer pensar a los compradores en algo agradable o deseable. El Rabbit de la Volkswagen se vende en los países hispanos con el nombre de «Golf», porque «conejo» para los hispanos sugiere algo que comer y no «velocidad». Algunas marcas son tan eficaces que llegan a tener un valor genérico, como Frigidaire, Inodoro y Kleenex. El emblema comercial es útil para identificar el producto. Para crear un emblema comercial se requiere la colaboración de varios especialistas, no sólo de marketing sino también de artes gráficas.

Tipos de marcas Cuando se trata de varios productos de una misma gama, ¿se debe emplear una marca individual o la misma marca para toda la gama? Es mejor usar nombres individuales para productos que son muy diferentes, pescado[3] y helado, por ejemplo. Pero es bueno mantener el mismo nombre para productos similares como los electrodomésticos[4], sobre todo si los productos han tenido éxito en el mercado y gozan de[5] una «imagen de marca» positiva.

Otra decisión para el director de marketing es, ¿qué marca se debe usar, la del fabricante o la del distribuidor? Supongamos que el lanzamiento del producto al mercado es la total responsabilidad del fabricante. La marca de fábrica, o marca nacional, es la de esa empresa. En este caso el distribuidor no es más que un intermediario entre el fabricante y el consumidor. La marca del distribuidor, o marca privada, es la que usa el distribuidor para un producto que él no ha fabricado, pero cuyas características él ha ordenado. La «batalla de las marcas» continúa. Las marcas de fábrica, o marcas nacionales, son muy conocidas por el consumidor, pero resultan más caras que las marcas privadas. Aunque las marcas privadas son menos conocidas, todavía compiten fuertemente con las marcas de fábrica.

Embalaje, envoltura, presentación del producto El embalaje del producto afecta a los cuatro factores del marketing mix. Hay que considerar la distribución del producto, es decir, el transporte, el manejo y el almacenaje. El embalaje debe

---

[3]*fish*   [4]*electrical household appliances*   [5]*enjoy*

ser resistente a golpes[6] y fácil de transportar, sin que afecte la calidad del producto. Ya dentro del ámbito[7] de la tienda, el embalaje o la envoltura se dirige al consumidor. El producto debe mantener su calidad, su frescura y su apariencia. Se escoge entonces un medio de protección que sea eficaz, de una sola forma y de un color. El producto debe poder emplearse fácilmente. Por eso son importantes el tamaño y el peso. El producto debe ser fácil de reconocer y aquí entran en juego la presentación y la etiqueta. Las leyes sobre el embalaje y la envoltura varían de país en país. Por lo general, la presentación y la etiqueta son más importantes que la publicidad, sobre todo cuando se trata de productos comunes y corrientes.

Garantía y servicio posventa   La garantía protege al consumidor. Se ha hecho más importante a medida que[8] las ventas por catálogo se han hecho más comunes. También el refrán «Satisfacción o reembolso», cada vez más frecuente, es en sí un tipo de garantía. Un buen servicio posventa alivia las ansiedades del consumidor, mayormente cuando se trata de productos complicados, como son los aparatos electrónicos[9].

Así es que un producto no es solamente algo que se compra. Es el resultado de una serie de operaciones cuidadosamente coordinadas.

---

[6]*bumps, jolts*   [7]*environment, setting*   [8]*at the same time as*   [9]*electrical appliances*

ESTUDIO DE PALABRAS

Ejercicio 1   Study the following cognates that appear in this chapter.

el concepto	la garantía	tangible
el servicio	la calidad	legal
la forma	la promoción	suficiente
la serie	la satisfacción	
la línea	la colaboración	consistir en
el tipo	el distribuidor	introducir
el modelo	la presentación	confrontarse
la definición	la apariencia	identificar
el símbolo	la ansiedad	diferenciar
la combinación	el choque	garantizar
el elemento		satisfacer
el emblema		requerir
el color		aliviar

Ejercicio 2   Give the word being defined.

1. el contacto violento
2. el intermediario entre el fabricante y el consumidor; el que es responsable (se responsabiliza, se encarga) del transporte, del almacenaje, etc.
3. la manera en que se presenta algo
4. blanco y negro; beige y café

5. todos los modelos de cierto producto que la empresa fabrica
6. una figura o un signo figurativo que representa algo
7. la excelencia de una cosa
8. la afirmación de la calidad de una cosa

Ejercicio 3   Match the word in Column A with its definition in Column B.

A	B
1. tangible	a. la idea
2. introducir	b. que se puede tocar
3. garantizar	c. presentar
4. la ansiedad	d. nombrar, decir lo que es o quien es
5. el concepto	e. bastante
6. la apariencia	f. asegurar la calidad
7. identificar	g. la ayuda
8. la colaboración	h. como se ve una cosa
9. suficiente	i. la inquietud

Ejercicio 4   Match the English word or expression in Column A with its Spanish equivalent in Column B.

A	B
1. gamut	a. la marca registrada
2. line	b. el competidor
3. model	c. la imagen de la marca
4. make, brand	d. la línea
5. packaging	e. satisfacción o reembolso
6. labeling	f. la gama
7. trademark	g. la etiqueta
8. type	h. el modelo
9. size	i. el género
10. weight	j. la marca
11. competitor	k. el almacenaje
12. follow-up service	l. el embalaje, la envoltura
13. satisfaction or your money back	m. las ventas por catálogo
14. warehousing	n. el producto genérico
15. brand image	o. el tamaño
16. catalogue sales	p. el peso
17. generic product	q. las artes gráficas
18. graphic arts	r. el servicio posventa

Ejercicio 5   Match the word or expression in Column A with its definition in Column B.

A	B
1. el peso	a. la línea entera
2. el producto genérico	b. el tipo
3. la gama	c. la envoltura

4. la imagen de la marca   d. cuanto pesa
5. el género   e. el que compite
6. el embalaje   f. un producto sin marca
7. el competidor   g. la opinión del público sobre el
                                     producto

Ejercicio 6   Tell what is being discussed.
1. Me gustan mucho los Lincoln.
2. A mí también. Y prefiero el Continental.
3. Encuentro este paquete muy bonito, muy lindo.
4. Esta marca goza de muy buena reputación.
5. Si Ud. tiene cualquier problema con nuestro producto, nos puede
   telefonear y en seguida estaremos dispuestos a reparárselo. Si todavía no
   está satisfecho, lo puede devolver.
6. ¿Cuánto pesa esta máquina?
7. Me parece demasiado grande. Dispongo de (Tengo) muy poco espacio.
8. Si Ud. no está satisfecho, le devolveremos el dinero.

Ejercicio 7   Select what each item refers to.
1. la Ford
   a. un tamaño   b. una marca   c. un modelo
2. la lata
   a. la envoltura   b. la etiqueta   c. el tamaño
3. la garantía
   a. el peso   b. la calidad de la marca   c. el servicio posventa
4. el reembolso
   a. el competidor   b. el cambio   c. el dinero

COMPRENSION

Ejercicio 1   True or false?
1. El servicio es un producto.
2. La marca es el nombre del producto.
3. La marca puede ser una expresión o un diseño.
4. La imagen de la marca es la impresión sicológica que se tiene del producto
   en el mercado.
5. El nombre de una marca debe ser bastante largo para que al público se le
   olvide fácilmente.
6. La imagen de la marca es siempre positiva.
7. Es ventajoso utilizar los mismos nombres de marca para productos que son
   muy diferentes.
8. Es ventajoso utilizar los mismos nombres de marca para productos que son
   similares y que gozan de una imagen de marca positiva.

9. El tamaño y el peso del producto son importantes porque debe ser fácil reconocer el producto.
10. La garantía y el servicio posventa aseguran al cliente de la calidad del producto y de la calidad de la empresa misma.

Ejercicio 2   Answer.
 1. ¿Cuál es la diferencia entre una línea de productos y la gama de productos?
 2. ¿Por qué es importante la marca de un producto?
 3. ¿Qué asegura una marca registrada?
 4. A veces un producto no tiene una marca. ¿Por qué?
 5. ¿Por qué es ventajoso tener una marca?
 6. El nombre de una marca, ¿qué debe evocar?
 7. ¿Qué propósito tiene el emblema comercial?
 8. ¿Qué es una marca privada?
 9. ¿Cuál es la diferencia entre una marca privada y una marca nacional?
10. El embalaje de un producto, ¿cómo afecta el transporte y el almacenaje?
11. ¿Por qué son importantes la presentación y la etiqueta?

Ejercicio 3   In Spanish, tell what you recommend be done.
   Nuestra empresa produce una computadora que goza de una imagen de marca increíblemente positiva. Estamos para lanzar un modelo nuevo de esta computadora. ¿Qué opina Ud.? ¿Debemos cambiar el nombre de la marca o es aconsejable utilizar el mismo nombre? ¿Por qué?

Capítulo **20**
CANALES DE DISTRIBUCION

Se llaman «canales de distribución» todas las vías por las que los productos viajan del productor al consumidor. Para ser eficaz, un canal de distribución debe desempeñar ciertas funciones. Debe dividir el producto en cantidades manejables. Debe presentar al consumidor una selección de productos que corresponden a sus necesidades. Debe almacenar existencias de producto suficientes como para satisfacer las necesidades inmediatas del consumidor. Y debe servir de fuente de información sobre el producto.

Pero la función esencial de los canales de distribución es la de facilitar la distribución reduciendo el número de transacciones y así reduciendo el costo de distribución. Por ejemplo, como se ve en el diagrama, tres fabricantes quieren vender su producto a cinco consumidores. Si no hay intermediarios, se efectúan 15 transacciones. Con un intermediario se efectúan sólo 8. Así se eliminan 7 transacciones, lo cual resulta en un ahorro. Además, si el fabricante está lejos de los consumidores, es absolutamente esencial valerse de un intermediario.

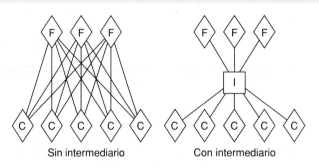

Sin intermediario   Con intermediario

Diferentes canales de distribución

No hay un canal de distribución perfecto. Cada empresa debe escoger el que mejor le conviene. Es frecuente el empleo de una variedad de canales de distribución para que la empresa se asegure de servir a diferentes mercados. Es necesario también adaptar sus canales a la situación, modificarlos, si fuera necesario, o cambiarlos. Hay cuatro tipos o sistemas básicos de distribución que se pueden adaptar y modificar según cada caso.

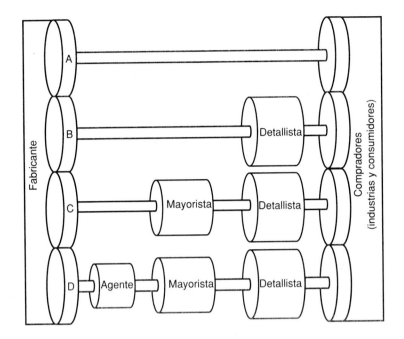

La venta directa (canal A) es infrecuente. Es la venta a domicilio o la venta de productos agrícolas al borde del camino. Es también el canal que se utiliza para ventas en gran escala a clientes importantes como el gobierno. Por el canal B el fabricante vende sus productos al detallista, que es generalmente una gran empresa comercial como una cadena de supermercados. El canal C es el más común. El canal D emplea un agente. Cuando el fabricante vende a gran número de mayoristas, se vale de los servicios de un agente. El agente no compra el producto, sino que lo vende a los mayoristas y recibe una comisión del fabricante.

Mayoristas y detallistas Los mayoristas y detallistas hacen lo contrario del agente. Ellos compran el producto al fabricante y luego lo venden por su cuenta. Los mayoristas deben escoger los productos según las necesidades de los consumidores. Debido a que compran en grandes cantidades, tienen que dividir el producto en unidades pequeñas. Tienen que almacenar el producto y vigilar las entradas y salidas. No sólo deben vender sus mercancías, sino también tener al corriente sus clientes y sus proveedores sobre las condiciones de mercado.

Los detallistas compran al por mayor a los mayoristas y venden al detal a los consumidores. Hay dos tipos de venta al detal: la venta en tienda y la venta sin tienda. La venta en tienda se hace en tiendas independientes o en cadenas de tiendas, tiendas por departamentos, supermercados e hipermercados. Los centros comerciales no son, propiamente dicho, cadenas de tiendas. Se forman de grupos de detallistas que se reúnen para crear un gran centro para las ventas. La venta sin tienda se efectúa de varias maneras: la venta a domicilio, la venta por correo, mayormente por catálogo, la venta por teléfono y, hoy día, un nuevo competidor, la venta por televisión. También hay ventas por máquina, donde venden cigarrillos, dulces, chicle y refrescos.

Distribución física

Así se llama el conjunto de movimientos de un producto desde el lugar donde se fabrica hasta el punto de venta al consumidor. Se trata del transporte, el almacenaje y el control de inventarios. Estos movimientos o transferencias afectan también el servicio posventa, las piezas de recambio (repuesto), etc. Actualmente la distribución cobra[1] gran importancia. Los mercados tienden a crecer y son, más y más, de escala internacional. Las comunicaciones se hacen cada vez más fáciles. Pero al mismo tiempo los costos de transporte ascienden rápidamente, así como el financiamiento de los inventarios. Además, los consumidores exigen la rápida entrega de sus compras. Con un sistema de distribución eficaz se satisface al cliente y se reduce al mínimo el costo de esta distribución. Ante todo hay que decidir las normas de servicio al cliente. ¿Cuánto tiempo puede tardar la entrega del producto al cliente? No se puede sobrestimar el tiempo y así molestar al cliente, ni subestimar el tiempo y así incurrir en gastos innecesarios. Luego se debe estudiar los medios de transporte, el almacenaje y el control de inventarios.

Transporte El 20% de los gastos totales son de transporte. Para determinar el medio de transporte que más conviene, se debe considerar la naturaleza del producto, la distancia que se va a recorrer, los objetivos de la empresa así como los de los competidores. El transporte se relaciona también con el embalaje y el almacenaje. Estos diferentes elementos de la distribución deben dirigirse de una forma integrada y coordinada.

Hay cuatro medios de transporte: el ferrocarril, el camión, el avión y el barco. El ferrocarril es el medio de transporte más utilizado según el peso de mercancía. No obstante, el transporte ferroviario es menos flexible que el transporte por camión, porque la red de ferrocarriles no es tan desarrollada como la red de carreteras y caminos. La proporción de flete transportado por camión es cada vez mayor. El camión compite con el tren por las cargas grandes, y con los aviones por las pequeñas. El transporte por camión es mucho más flexible que los otros tipos. Un camión puede transportar casi cualquier cosa que cabe dentro del mismo. El avión es el medio de transporte más caro, pero el más seguro. Se usa mayormente para los productos agrícolas delicados y los productos de lujo. El barco es un medio lento, limitado por las redes fluviales y marítimas. Su mayor competidor es el ferrocarril.

Almacenaje No es bastante guardar las mercancías en buen estado en un lugar seguro. También hay que clasificarlas, ponerles etiqueta y registrarlas. La determinación del tipo de depósito o almacén y su lugar depende, claro está, del tipo de producto. Hay depósitos cerca del lugar de producción para los alimentos[2]

---

[1] *is gaining*   [2]*foods*

delicados y productos agrícolas. El almacenaje cerca de los mercados es una opción que se determina según los consumidores. Igual que el transporte, la selección del almacenaje se reexamina contínuamente de acuerdo a los cambios en el mercado.

Inventarios El control del inventario es primordial. El inventario permanente consiste en el registro de las entradas y salidas en el momento de efectuarse. Así se tiene un saldo corriente. Cuando se hace un inventario periódico se determinan, periódicamente, las existencias de producto que tiene a mano. La desventaja de este método es que requiere el cierre del negocio y, por lo tanto, la pérdida de días de ventas. El pequeño detallista también puede controlar sus inventarios, en cuanto al simple nivel de cantidad de producto, de manera regular. Hoy la informática facilita enormemente el control de inventario que es una de las áreas de la administración empresarial y, en particular, de la contabilidad.

Durante mucho tiempo la distribución ha sido la «Cenicienta»[3] de marketing ya que todos preferían la promoción. Pero se están dando cuenta de que una distribución eficaz y eficiente, valiéndose de los progresos tecnológicos, es una verdadera ventaja comercial.

---

[3] *"Cinderella"*

ESTUDIO DE PALABRAS

Ejercicio 1   Study the following cognates that appear in this chapter.

la cantidad	manejable	dividir
la transacción	inmediato	reducir
la variedad	básico	adaptar
la situación	independiente	ascender
el tipo	flexible	incurrir
el sistema	marítimo	transportar
los productos agrícolas	permanente	clasificar
el agente	periódicamente	registrar
la comisión	rápido	modificar
el transporte	de lujo	
la transferencia	eficaz	
el financiamiento		
la distancia		
el objetivo		
el costo		
la unidad		

Ejercicio 2   Match the word in Column A with its definition in Column B.

A	B
1. reducir	a. lo que se le paga a alguien por haber
2. el costo	vendido su producto
3. el tipo	b. del océano, del mar
4. la comisión	c. bajar, disminuir
5. ascender	d. una pieza, uno
6. una unidad	e. que no depende de nada ni de nadie,
7. modificar	por su cuenta
8. flexible	f. lo que cuesta
9. la cantidad	g. de siempre
10. independiente	h. el género
11. transportar	i. de vez en cuando
12. marítimo	j. aumentar, subir, alzar
13. permanente	k. el número
14. periódicamente	l. cambiar un poco, no radicalmente
	m. que tiene la capacidad de cambiar
	n. mover de un lugar a otro

Ejercicio 3   Select the appropriate word(s) to complete each statement.
1. Hay que _____ las grandes cantidades en unidades.
   a. aumentar   b. dividir   c. modificar
2. El no quiere _____ gastos que no sean necesarios.
   a. aumentar   b. dividir   c. incurrir en
3. Tenemos que poner los productos en categorías. Los tenemos que
   _____.
   a. clasificar   b. adaptar   c. incurrir
4. Es necesario _____ el medio de transporte al producto.
   a. clasificar   b. adaptar   c. transportar
5. Se puede escoger (seleccionar) el modelo que quiera. La tienda ofrece una
   gran _____.
   a. distancia   b. transporte   c. variedad
6. Está muy lejos. Tenemos que recorrer mucha _____.
   a. distancia   b. transporte   c. transferencia
7. La _____ del producto del fabricante al consumidor es bastante
   compleja (complicada).
   a. fabricación   b. transferencia   c. adaptación
8. Es fácil transportar tal producto. Es muy _____.
   a. pesado   b. lujoso   c. manejable

Ejercicio 4   Match the English word or expression in Column A with its
Spanish equivalent in Column B.

A	B
1. ways	a. las ventas por catálogo
2. network	b. las existencias

<table>
<tr><td>3. door-to-door sales</td><td>c. tener al corriente</td></tr>
<tr><td>4. mail order sales</td><td>d. las vías</td></tr>
<tr><td>5. catalogue sales</td><td>e. el fabricante</td></tr>
<tr><td>6. mall</td><td>f. la red</td></tr>
<tr><td>7. on a large scale</td><td>g. el nivel</td></tr>
<tr><td>8. level</td><td>h. las ventas a domicilio</td></tr>
<tr><td>9. warehouse</td><td>i. el centro comercial</td></tr>
<tr><td>10. stock</td><td>j. convenir</td></tr>
<tr><td>11. distribution cost</td><td>k. las ventas por correo</td></tr>
<tr><td>12. manufacturer</td><td>l. el depósito</td></tr>
<tr><td>13. to suit</td><td>m. la cadena de supermercados</td></tr>
<tr><td>14. chain of supermarkets</td><td>n. el costo de distribución</td></tr>
<tr><td>15. to keep informed, up-to-date</td><td>o. en gran escala</td></tr>
</table>

Ejercicio 5   Give the word or expression being defined.

1. una aglomeración de tiendas independientes, sobre todo en los suburbios
2. donde se guardan mercancías; un almacén
3. el que produce o fabrica un producto
4. el inventario de una mercancía que queda
5. un sistema de transporte como, por ejemplo, el conjunto de carreteras y caminos
6. lo que cuesta almacenar y transportar las mercancías
7. un grupo de mercados o tiendas que pertenecen a la misma empresa y que llevan el mismo nombre
8. informar periódicamente
9. en grandes cantidades
10. servir, satisfacer una necesidad, ser apropiado

Ejercicio 6   Tell what type of selling is being done.

1. hacer un pedido escribiendo a la empresa
2. llamar a la puerta de una casa para vender algo
3. leer un anuncio en un catálogo y tomar la decisión de comprar el producto que aparece en el anuncio

Ejercicio 7   Match the English word or expression in Column A with its Spanish equivalent in Column B.

<table>
<tr><td align="center">A</td><td align="center">B</td></tr>
<tr><td>1. wholesaler</td><td>a. el saldo corriente</td></tr>
<tr><td>2. retailer</td><td>b. el mayorista</td></tr>
<tr><td>3. middleman</td><td>c. al por mayor</td></tr>
<tr><td>4. wholesale</td><td>d. la entrega</td></tr>
<tr><td>5. retail</td><td>e. fluvial</td></tr>
<tr><td>6. distribution channels</td><td>f. el detallista</td></tr>
<tr><td>7. delivery</td><td>g. el ferrocarril</td></tr>
<tr><td>8. truck</td><td>h. una carga grande</td></tr>
</table>

9. boat, ship
10. railroad
11. freight
12. large load
13. to warehouse
14. highway
15. pertaining to a river
16. current balance

i. el intermediario
j. la carretera
k. almacenar
l. el flete
m. al detal, al por menor
n. los canales de distribución
o. el barco
p. el camión

Ejercicio 8   Complete each statement with the appropriate word(s).

1. Hay dos _____ por día; una por la mañana y otra por la tarde.
2. La proporción de _____ transportado por camión es muy alta porque existe una _____ de carreteras muy buena.
3. El camión está en competencia con el tren, o sea, el _____, por las grandes _____ y con el avión por las pequeñas _____ o los productos de lujo.
4. _____ vende al por mayor y _____ vende al por menor.
5. El fabricante suele (tiende a) valerse de un _____ en la venta de su producto.
6. Hay muchos _____ de distribución tales como el avión, el barco, el ferrocarril, el camión, etc.
7. El transporte marítimo es por mar y el transporte _____ es por río.
8. Si quiere saber el _____ actual de existencias, hay que hacer una toma de inventario.

Ejercicio 9   Match the word or expression in Column A with its definition in Column B.

A	B
1. el intermediario	a. el que vende en grandes cantidades
2. la cadena	b. el que ayuda a vender el producto
3. el costo de distribución	c. la venta en pequeñas cantidades, en
4. el mayorista	unidades
5. la red	d. el tren
6. fluvial	e. del río
7. las existencias	f. el almacén
8. al detal	g. la carga
9. tener al corriente	h. el que fabrica un producto
10. el depósito	i. un conjunto de tiendas con el mismo
11. el ferrocarril	nombre
12. el flete	j. el inventario
13. a domicilio	k. a casa
14. el fabricante	l. el sistema
	m. informar periódicamente
	n. lo que cuesta distribuir el producto

COMPRENSION

Ejercicio 1 Answer.
1. ¿Cuál es el término que se les da a todas las vías que se emplean para transportar el producto del fabricante al consumidor?
2. ¿Cuáles son las funciones de un canal de distribución?
3. ¿Cómo pueden resultar en un ahorro los servicios de un intermediario?
4. ¿Cómo se vale el fabricante de los servicios de un agente?
5. ¿Cuál es la diferencia entre el mayorista, el detallista y el agente?
6. ¿Qué es un centro comercial?
7. ¿Qué es la distribución física?
8. ¿Qué se debe considerar antes de escoger el medio de transporte que se utilizará para cierto producto?
9. ¿Qué se determina al hacer el inventario?

Ejercicio 2 True or false?
1. Si la empresa quiere economizar o hacer un ahorro, es posible que sea mejor valerse de un intermediario.
2. Una empresa normalmente usa un solo canal de distribución.
3. La venta de productos agrícolas al borde de un camino es un ejemplo de la venta directa.
4. La mayoría de las ventas se efectúan por venta directa.
5. A los consumidores no les interesan las entregas rápidas.
6. Se puede guardar, por ejemplo, los productos agrícolas en el mismo depósito o almacén que los muebles *(furniture)*.
7. El inventario permanente consiste en el registro de las entradas y salidas en el momento de efectuarse.
8. Si se hace un inventario periódico, la empresa siempre tiene un saldo corriente de sus existencias.

Ejercicio 3 Follow the directions.
1. Describa el trabajo de un mayorista.
2. Describa el trabajo de un detallista.
3. Dé algunos ejemplos de ventas que se efectúan fuera de una tienda.

Capítulo 21
PRECIO

Determinación de precio

Como ya se sabe, el precio es una de las cuatro variables del marketing mix. Y es la variable más difícil de determinar. Se trata de fijar un precio aceptable para el consumidor, pero que al mismo tiempo permite a la empresa realizar un beneficio apreciable. Para la mayoría de los consumidores el precio es lo que les hace decidir comprar o no. Pero no es solamente el bolsillo lo que les hace tomar la decisión, es también el valor que ellos le dan al producto. Alguna gente paga una fortuna por una botella de vino sin pensarlo, mientras que otros piensan que es un escándalo tirar el dinero así.

Varios factores intervienen en la determinación de precio.

Oferta y demanda La interacción de la oferta y la demanda es lo que determina el precio. El siguiente diagrama describe esta interacción.

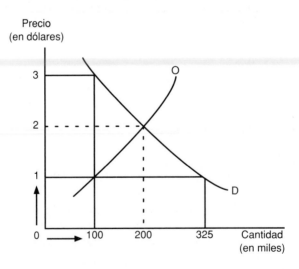

La curva D es la demanda y la curva O representa la oferta. La razón precio/cantidad es esencial. Digamos que se decide que un precio de $2,00 por unidad es el precio que tanto los consumidores como los comerciantes aceptarían por una cantidad de 200.000. Si el comerciante sube el precio a $3,00, el número de artículos comprados se reduce a 100.000. Así el comerciante se ve obligado a reducir el precio a $2,00, el precio original, porque si no, le quedarían 100.000 unidades sin vender. Si el consumidor se niega a pagar más que $1,00, la producción no será más de 100.000 unidades. Si a un precio de $1,00 la demanda es para 325.000 unidades, entonces el consumidor estará dispuesto a pagar más. Es muy conocido que lo que es escaso[1], es caro. Siempre que la demanda aumenta y la oferta es fija, el precio sube, y si la demanda baja, el precio baja. Por otra parte, si la oferta aumenta y si la demanda no cambia, entonces el precio baja; y si la oferta disminuye, el precio sube. Se ve hasta qué punto un cambio de precio o de cantidad puede afectar un equilibrio muy delicado.

Ciclo de vida de un producto

Las fases de la vida de un producto—introducción, crecimiento, madurez y declive—requieren un ajuste de precio. Si se ha decidido fijar un precio alto para lanzar un producto (fase de introducción), es probable que el precio baje durante la fase de crecimiento y viceversa. Si se fija un precio bajo para el lanzamiento, el precio subirá durante la fase de crecimiento. El precio durante la fase de madurez es difícil de determinar. Durante la fase de madurez el producto se sigue vendiendo, pero las ventas no aumentan tan rápidamente como en la fase de crecimiento. Además, la competencia se intensifica. Por consiguiente, hay que ajustar el precio. Son frecuentes en esta fase las ofertas especiales, «dos por el precio de uno», por ejemplo. Durante la fase de declive toda la estrategia de marketing se somete a la revalorización. A menudo se suprime la promoción y el precio del producto sube. Se debe hacer hincapié en el hecho de que el precio no funciona a solas. Depende de las otras variables del marketing mix, y el director de marketing debe tener en cuenta este hecho.

Estrategias de precio

Hay una gran variedad de precios. Algunos se basan en la demanda y otros en la oferta.

Costos Este método para determinar los precios es sencillo y, por eso, muy usado. Se suman todos los costos y después se les añade un margen de beneficio al total. El inconveniente de usar este método es que el precio que así se determina corre el riesgo de no convenirle al consumidor.

Mercado Ya que los costos pueden ser difíciles de calcular, el método más común para determinar el precio es el que se llama la práctica de «precio de mercado». Se fija el precio según los precios de la competencia. Igual se puede decidir en un precio por debajo del precio de mercado, como lo hacen las tiendas de rebajas; o se puede fijar un precio superior al del mercado, lo que es común entre las tiendas de gran prestigio.

Precio de exclusión El precio se fija inicialmente a un alto nivel. Después se baja poco a poco para que el producto se pueda vender a diferentes categorías de consumidores. Se comienza por dirigirse a una clientela que no se preocupa demasiado por el precio. Después se abre el mercado para incluir a aquellos

---

[1] *scarce*

consumidores que sólo compran a precio reducido. Esta es una manera eficaz de estudiar el comportamiento de los consumidores y las tendencias del mercado.

Precio de penetración Es lo opuesto del precio de exclusión. El precio de lanzamiento de un producto se pone a un nivel bajo; la promoción es intensa y la cantidad del producto en venta es, por lo general, grande. Esta política tiene el efecto de desanimar a la competencia.

Precio sicológico Se trata de aquellos precios como de $1,99 o $3,95. Por razones sicológicas parece que el consumidor piensa que hace mejor negocio al comprar un producto a $4,99 que a $5,00. Ningún estudio ha indicado si es verdad o no. Se cree que el consumidor que cuida de su dinero estará dispuesto a comprar otro producto basándose en esa diferencia de un centavo.

Precio único Como el nombre indica, aquí la intención es de establecer un precio único. Es fácil de hacer, pero supone que todos los consumidores aceptarán el precio que se fija.

Discriminación de precios Se trata de la venta del producto a diferentes precios según los diferentes segmentos del mercado. Estas diferencias de precio se justifican por las promociones que se aplican a cada uno de los mercados, o segmentos del mercado, a los que se dirige el producto.

Alineación de precio Esta estrategia consiste en vender los productos sólo a ciertos niveles de precio. Por ejemplo, un comerciante puede decidir vender productos sólo a $10, $25 y $40. Así se simplifica el control de inventario.

Todas estas estrategias tienen como su objetivo principal hacer que el consumidor compre. Siempre es difícil determinar los factores sicológicos que son decisivos. El precio es el factor primordial para la mayoría de los consumidores. No obstante, no es siempre necesario un precio bajo. El precio tiene que corresponder a la imagen del producto que tiene el consumidor. Si el precio es bajo, el consumidor que tiene en mente[2] comprar un producto de lujo pensará que el producto más barato es de calidad inferior, y comprará uno más caro. El comportamiento humano es, sobre todo, imposible de predecir, y es tema de un sinnúmero de estudios.

---

[2]*mind*

ESTUDIO DE PALABRAS _____

Ejercicio 1 Study the following cognates that appear in this chapter.

la variable	aceptable	intervenir
la fortuna	apreciable	reducir
la curva	original	aumentar
el total		disminuir
el ajuste		calcular
la fase		intensificarse
la revalorización		
la clientela		

Ejercicio 2   Match the word in Column A with its definition in Column B.

A	B
1. aumentar	a. lo que se puede aceptar
2. apreciable	b. bajar, disminuir
3. calcular	c. subir, alzar
4. la clientela	d. la acción de evaluar de nuevo
5. la revalorización	e. lo que se puede apreciar
6. la fase	f. mucho, mucho dinero
7. aceptable	g. tomar parte en algo, interponer su
8. el ajuste	autoridad
9. reducir	h. sumar, restar, multiplicar y dividir
10. original	i. el conjunto de clientes
11. la fortuna	j. la etapa
12. intervenir	k. del comienzo
	l. la adaptación, el arreglo

Ejercicio 3   Match the English word or expression in Column A with its Spanish equivalent in Column B.

A	B
1. price	a. el precio
2. supply	b. los costos de instalación
3. demand	c. la fijación de precio
4. value	d. la demanda
5. to mark up	e. la oferta
6. to mark down	f. la oferta especial
7. profit margin	g. el precio de exclusión
8. to set a price	h. el precio de promoción
9. price setting	i. el precio de penetración
10. set-up costs	j. el valor
11. penetration pricing	k. la discriminación de precios
12. discrimination pricing	l. subir el precio
13. price lining	m. rebajar el precio
14. unit pricing	n. el margen de beneficio
15. promotion pricing	o. determinar un precio
16. odd pricing, psychological	p. la alineación de precio
pricing	q. el precio único
17. special offer	r. el precio sicológico
18. what the market will bear	s. el precio de mercado
19. cost-plus pricing	t. los costos
20. price skimming	

Ejercicio 4   Complete each statement with the appropriate word(s).
1. El porcentaje de beneficio que la empresa quiere realizar es _____.
2. Antes de lanzar un producto, es necesario _____ un precio.
3. La cantidad disponible de un producto es _____.

4. La cantidad que se puede vender o, mejor dicho, que el público comprará es _____.
5. La interacción de la _____ y la _____ interviene en la fijación o determinación del precio.
6. Si la dirección quiere realizar más beneficios, será necesario _____ el precio.
7. Si los consumidores creen que el precio es demasiado alto y se niegan a comprar el producto, será necesario _____ el precio.
8. Lo que cuesta para empezar la producción de un producto son _____.
9. El precio de un producto debe ser su _____, pero a veces no lo es.
10. La tienda tiene una _____, «dos por el precio de uno».

Ejercicio 5   Tell what is being described.
1. establecer el precio a $5,98, no a $6,00
2. hacer una oferta especial como «dos por el precio de uno»
3. vender solamente productos que tienen ciertos niveles de precios como, por ejemplo, vestidos a $100, $160 y $175.
4. fijar un precio bajo para el lanzamiento del producto asumiendo que el precio bajo aumentará la demanda y desanimará a la competencia
5. fijar el precio a un nivel alto para lanzar el producto y luego rebajarlo periódicamente para vender el producto a varias categorías de consumidores
6. fijar precios distintos para diferentes categorías de consumidores

Ejercicio 6   Match the English word or expression in Column A with its Spanish equivalent in Column B.

A	B
1. pocket	a. el ciclo de vida de un producto
2. to make a better deal	b. estar dispuesto a
3. curve	c. la razón
4. discount store, bargain outlet	d. desanimar
5. product life cycle	e. el bolsillo
6. launching	f. la curva
7. growth	g. hacer mejor negocio
8. maturity	h. el declive
9. decline	i. hacer hincapié
10. to cut back, stop, cancel, curtail	j. la tienda de rebajas
11. to add to, add on	k. suprimirse
12. to add up	l. el lanzamiento
13. to emphasize	m. la madurez
14. ratio	n. sumar
15. to be disposed	o. añadir
16. to discourage	p. el crecimiento

Ejercicio 7   Complete each statement with the appropriate word(s).
1. La cantidad de dinero que tengo en este momento en mi _____ no me permite comprarlo.
2. La _____ O en el diagrama indica la oferta y la _____ D indica la demanda.
3. El período de declive sigue el de _____.
4. Cuando un producto está en la fase de declive, los comerciantes suelen (tienden a) _____ la promoción.
5. Las tiendas que quieren una imagen de prestigio o de lujo tienen precios altos (elevados) y las _____ al contrario ofrecen precios bajos o reducidos.
6. Se debe hacer _____ en el hecho de que el precio es una consideración primordial (muy importante) en la determinación del éxito de un producto.
7. Están planeando el _____ de un producto nuevo, no de un producto en declive.
8. Hay que _____ todos los costos antes de fijar un precio y determinar el beneficio que se realizará.
9. Hay que _____ un margen de beneficio al total de los costos.
10. La _____ precio/cantidad es muy importante.
11. Muchos consumidores no están _____ a comprar lo que consideran un objeto de lujo a un precio bajo.

Ejercicio 8   Put the following in order.
El ciclo de vida de un producto
el lanzamiento
el declive
la madurez
el crecimiento

COMPRENSION

Ejercicio 1   Answer.
1. ¿Cuáles son las cuatro variables del marketing mix?
2. ¿Cuáles son dos factores importantes en la fijación o determinación del precio de un producto?
3. ¿Qué pasa si la demanda baja (disminuye) y la oferta queda constante (fija)?
4. ¿Qué pasa si la demanda sube y la oferta queda o permanece fija?
5. ¿Cuál es el riesgo que la empresa corre si fija o determina un precio basado en los costos más un margen de beneficio?
6. ¿Durante qué ciclo de la vida de un producto suelen los comerciantes dedicar más atención y recursos a la promoción?
7. ¿Durante qué ciclo se intensifica la competencia?

8. ¿Cuál es un ejemplo de un precio de promoción?
9. ¿Cuál es el contrario de «el precio de exclusión»?

Ejercicio 2   True or false?
1. Para muchos consumidores el precio determina si van a comprar el producto o no.
2. Todo el mundo pagaría una fortuna por una buena botella de vino.
3. La estrategia del precio de exclusión dicta un precio inicial muy bajo con aumentos periódicos.
4. El precio de penetración se basa en la misma estrategia que la de exclusión.

Ejercicio 3   In your own words, explain each of the following terms.
1. el precio sicológico
2. la alineación de precios
3. el precio de exclusión
4. la discriminación de precios
5. el precio de promoción

Capítulo 22
PROMOCION

La promoción comprende no sólo la publicidad, sino también los vendedores de la empresa, la promoción de ventas, la publicidad gratuita y las relaciones públicas. El problema de la comunicación se encuentra en todas las áreas. En principio, tanto el emisor como el receptor tienen que compartir una parte de sus respectivos campos de percepción para que se puedan comprender.

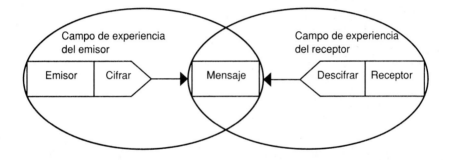

La comunicación en marketing no se distingue de la comunicación en general. La empresa debe encontrar un campo de experiencia común al campo suyo, que es esencialmente técnico y profesional, y al campo del consumidor, que es práctico, el uso del producto. Hay dos tipos de comunicación de marketing: masiva y particular o personal.

Comunicación masiva

Los medios de comunicación masiva, tales como la publicidad, la promoción de ventas, las relaciones públicas y la publicidad gratuita, se usan para llegar a gran número de clientes o consumidores potenciales.

Publicidad ¿Cómo afecta la publicidad al consumidor? Lo cierto es que la publicidad no le hará comprar nada al consumidor que no está ya dispuesto a comprar. No se debe sobrestimar el poder de la publicidad. El director de marketing debe, ante todo, familiarizarse con el comportamiento[1] de los consumidores a quienes se destina el producto. Entonces hay una serie de decisiones importantes que tiene que tomar con respecto a las siguientes áreas: las

---

[1] *behavior*

metas de la campaña, el presupuesto, los mensajes publicitarios (anuncios), los medios que se emplearán y el calendario publicitario y el control de la eficacia de la campaña. Todas estas áreas están relacionadas. Por ejemplo, la creación de los mensajes publicitarios depende de los medios que se emplearán.

Metas u objetivos de la campaña publicitaria Los objetivos publicitarios deben definirse en términos de la comunicación: mejorar el conocimiento que tienen los consumidores de cierto producto y asegurar que los consumidores permanezcan fieles[2] al producto, o que cambien de marca, o que compren más. Cualquier que sea, el objetivo debe formularse claramente y debe especificar el grupo de consumidores al que se dirige. Debe también describir las actividades informativas que se llevarán a cabo[3]; debe justificar cada actividad y debe indicar el tiempo que se dedicará a cada actividad. Aquí hay un ejemplo de un objetivo: «aumentar las ventas del producto por un 20% a personas mayores de 50 años de edad dentro de 6 meses». Cuando se define así el objetivo publicitario se permite controlar mejor la eficacia de la campaña.

Presupuesto publicitario Se emplean muchos métodos, más o menos científicos, para preparar el presupuesto. Se dedica a la publicidad la cantidad que sobra[4] después de que todo lo demás se haya repartido. Es la manera más sencilla, pero a la vez se corre el riesgo de que resulte más caro de lo necesario. Otro método es el de dedicar al presupuesto publicitario un porcentaje de las ventas. Es también un método sencillo, pero tiene el inconveniente de basarse en un principio inaceptable: en marketing, es la publicidad lo que crea las ventas y no lo contrario. Cuando se adopta este método, lo que ocurre es que si se bajan las ventas, la publicidad baja también, y se debe hacer lo contrario si se quiere recuperar las ventas.

Mensaje publicitario (Anuncios) Los gastos para la creación de mensajes publicitarios son pocos comparados con los que se dedican a los medios de comunicación. Pero es la parte creativa la que llama la atención al consumidor. La forma en que se recibe el mensaje depende totalmente del medio que se emplea. No obstante, se ven ciertas tendencias.

El testimonio—un experto recomienda el producto. Un campeón de tenis recomienda cierta marca de raqueta.

La vida cotidiana—el ama de casa recomienda el producto porque ella lo usa y se ha quedado muy satisfecha.

La ciencia— todos los médicos, dentistas, etc., están de acuerdo con que éste es el mejor producto de su género en el mercado.

La comparación—este producto es mejor que el del competidor.

El humor—el producto se presenta de una manera graciosa[5]. Es la forma preferida de los europeos. En los EE.UU. a veces se corre el riesgo de ofender a algún grupo étnico o religioso, que se siente víctima de un anuncio cómico.

---

[2]*loyal*   [3]*will be carried out*   [4]*is left over, remains*   [5]*funny*

Y existe también la publicidad de carácter sexual, que se emplea para vender un poco de todo. Cualquiera que sea la manera de concebir el mensaje, el mensaje debe motivar al consumidor a comprar.

Medios publicitarios Según el público al que se dirige y las características del producto, el director de marketing escogerá la televisión antes que la radio o las revistas. La determinación del medio es cuestión de dinero. Si el presupuesto para la publicidad es pequeño, la televisión será, sin duda, demasiado cara. Una vez que se decide el medio, hay que escoger los soportes que se usarán: la prensa, las revistas, las cadenas de emisoras, los programas. Después se prepara un calendario para cada uno de los soportes: los números de las revistas (semanales, mensuales, etc.), el día y las horas cuando se presentarán los programas y los anuncios.

Control de la campaña publicitaria Es importante controlar la eficacia de la campaña publicitaria desde su comienzo. Basándose en los objetivos de la comunicación, se puede determinar, durante y después de la campaña, cuales son las actitudes de los consumidores con respecto a la marca, como se evolucionan esas actitudes y así poder hacer los cambios necesarios, lo cual permite evitar los gastos inútiles.

Promoción de ventas La promoción de ventas se refiere a todas las actividades que estimulan la venta aparte de la publicidad y la publicidad gratuita. He aquí algunas:

las muestras—la distribución de muestras del producto, sea directamente al consumidor en la calle, en las tiendas o por correo

los cupones de rebaja

los concursos y las loterías

los artículos de premio, que el comprador recibe como regalo al comprar determinado producto

las ofertas especiales

las ferias y exposiciones

los artículos promocionales—estuches para anteojos[6], calendarios que se distribuyen gratis

Ninguna de estas actividades es eficaz si no forma parte de un plan total de comunicación de marketing.

Relaciones públicas Las actividades del servicio o departamento de relaciones públicas son cada vez mayores en la sociedad contemporánea. Este servicio evalúa no solamente las actitudes de los consumidores hacia la empresa, sino también la de los intermediarios, los empleados de la empresa y sus accionistas. El servicio de relaciones públicas también se encarga de obtener espacio en los periódicos y revistas y tiempo en la televisión y la radio gratis. Este servicio establece vínculos[7] con el mundo exterior, con la prensa y el público. Son ellos quienes redactan los informes a la prensa y organizan las ruedas de prensa y las recepciones para presentar un nuevo producto.

---

[6]*eyeglass cases*   [7]*links, ties*

Comunicación personal de marketing

La comunicación personal de marketing envía a cada uno de los consumidores un mensaje individual por medio de una persona, un vendedor o un agente. Hay muchos tipos de representantes, según el producto que se vende. Los libros no se venden de la misma manera que las aspiradoras[8]. No obstante, los pasos a seguir son casi siempre los mismos.

Lo primero es identificar a los clientes potenciales. El representante debe preparar una lista de clientes con quienes se pondrá en contacto y debe servirse de ésta y otras listas pertinentes.

El representante debe entonces informarse acerca de sus clientes y determinar si tendrá oportunidad de venderles su producto.

El siguiente paso es la preparación de la presentación. Esto se parece a la preparación de un mensaje publicitario, a pesar de que no se trata de la comunicación masiva sino de uno con uno.

Ahora viene la presentación en sí. Es aquí donde el representante emplea todo su talento para convencer al cliente.

Para realizar la venta, el representante tiene que saber hasta qué punto presionar al cliente. Es un arte que requiere cierta sensibilidad de parte del representante.

Ya terminada la venta, sigue entonces la posventa. Si el representante no quiere perder a sus clientes, debe darles garantía de su total satisfacción.

Así, sea por comunicación de marketing masiva o personal, una empresa puede transmitir el mensaje de «¡comprar!» a los consumidores quienes, con un poco de suerte, lo recibirán y lo captarán, lo cual se transformará en ventas para la empresa.

---

[8] *vacuum cleaners*

ESTUDIO DE PALABRAS _____

Ejercicio 1   Study the following cognates that appear in this chapter.

la promoción	el soporte	informativo
las relaciones públicas	el representante	creativo
el área	la presentación	pertinente
la comunicación	la garantía	potencial
el control	la percepción	
la actividad	el programa	distinguir
el objetivo	el espacio	familiarizarse
el testimonio		definir
la raqueta	gratuito	especificar
el humor	práctico	motivar
la televisión	masivo	estimular
la radio	personal	convencer

Ejercicio 2   Give the word being defined.
1. que no cuesta nada, libre de costo
2. la idea que tiene una persona de algo, como la persona lo ve
3. separar, establecer la diferencia
4. llegar a conocer, rendir familiar
5. que informa
6. que crea
7. relativo a, relacionado con, que tiene algo que ver con
8. la atestación o justificación de una cosa
9. determinar en particular una cosa
10. incitar, excitar

Ejercicio 3   Complete each expression with the appropriate word(s).

1. mass communication	la comunicación _____
2. practical considerations	las consideraciones _____
3. personal attention	la atención _____
4. informative activities	las actividades _____
5. promotional campaign	la campaña _____
6. pertinent information	la información _____
7. free publicity	la _____ gratuita
8. potential client	el cliente _____

Ejercicio 4   Match the English word or expression in Column A with its Spanish equivalent in Column B.

A	B
1. advertising	a. las relaciones públicas
2. advertising campaign	b. el calendario publicitario
3. free advertising	c. el anuncio
4. sales promotion	d. la campaña publicitaria
5. public relations	e. la meta de la campaña
6. sales force	f. el personal de ventas
7. sales rep	g. el vendedor
8. advertising schedule	h. la publicidad
9. to grab (get) the attention	i. la satisfacción total
10. marketing promotion	j. el representante de ventas
11. salesperson	k. la promoción de ventas
12. campaign goal	l. captar la atención
13. advertisement, ad	m. la publicidad gratuita
14. complete satisfaction	n. la comunicación de marketing

Ejercicio 5   Select the appropriate word(s) to complete each statement.
1. _____ comprende la publicidad, el personal de ventas, la promoción y las relaciones públicas.
   a. La promoción de ventas
   b. Los directores de marketing
   c. El calendario publicitario

2. Vamos a planificar _____ para lanzar un producto nuevo.
   a. relaciones públicas
   b. una tarea
   c. una campaña de publicidad
3. El grupo total de vendedores es _____.
   a. la promoción de ventas
   b. los directores de marketing
   c. el personal de ventas
4. Al vendedor se le llama frecuentemente «el _____».
   a. representante de ventas
   b. director de marketing
   c. personal
5. El _____ determina la fecha en que se efectuará cada paso o etapa de la campaña publicitaria.
   a. mensaje publicitario
   b. calendario publicitario
   c. lanzamiento del producto
6. El servicio o departamento de _____ establece vínculos entre la empresa y el mundo exterior: la prensa, el público, etc.
   a. publicidad
   b. ventas
   c. relaciones públicas
7. Comprar algo y recibir un artículo de premio es un ejemplo de la _____.
   a. promoción
   b. venta
   c. publicidad
8. Aumentar las ventas en un 20% en un trimestre *(quarter)* es su _____.
   a. meta
   b. venta
   c. compra
9. El mensaje publicitario debe _____ la atención del público.
   a. satisfacer
   b. representar
   c. captar

Ejercicio 6   Match the English word or expression in Column A with its Spanish equivalent in Column B.

A	B
1. broadcast	a. el receptor
2. sender	b. el cupón de reducción (descuento)
3. receiver	c. el emisor
4. means	d. la marca

5. potential
6. brand
7. principle
8. expenses
9. sample
10. discount coupon
11. contest
12. special offer
13. daily
14. monthly

e. la oferta especial
f. el medio
g. diario, cotidiano
h. los gastos
i. potencial
j. el concurso
k. mensual
l. el principio
m. la emisión, la radiofusión
n. la muestra

Ejercicio 7   Complete each statement with the appropriate word(s).
1. El _____ envía el mensaje y el _____ lo recibe.
2. Un _____ de la publicidad es que la publicidad en sí no le hará comprar nada al consumidor que ya no está dispuesto a comprar.
3. No es raro que existan _____ caras y _____ baratas (económicas) del mismo producto.
4. Durante el mes de agosto la línea aérea tiene _____ para vuelos entre Nueva York y California. Está ofreciendo una tarifa reducida.
5. En la entrada de la tienda de (por) departamentos están distribuyendo _____ del perfume Puig.
6. Nunca le queda dinero porque sus _____ son horribles.
7. Si Ud. le da al cajero este _____, Ud. pagará menos; le darán un precio reducido.
8. Esta revista sale una vez al mes. Es una publicación _____.
9. Si Ud. gana el _____, el regalo o premio es un viaje gratuito a España.
10. Puede ser que él lo compre. Yo le consideraría un cliente _____.

Ejercicio 8   Match the English word or expression in Column A with its Spanish equivalent in Column B.

A
1. to overestimate
2. to allocate
3. to allot, distribute
4. to regain sales
5. to edit, to word
6. network
7. press conference
8. to convince
9. to conceive
10. to push a client
11. sales follow-up
12. to capture the market

B
a. recuperar ventas
b. la cadena de emisoras
c. el servicio posventa
d. sobrestimar
e. presionar a un cliente
f. dedicar
g. repartir
h. la rueda de prensa
i. redactar
j. concebir
k. capturar el mercado
l. convencer

Ejercicio 9   Complete each statement with the appropriate word(s).

1. La empresa ha perdido muchas ventas y la dirección está haciendo esfuerzos para _____ las ventas perdidas.
2. Hay que _____ el mensaje publicitario de modo que no le ofenda a ningún grupo cultural o religioso.
3. Si la empresa quiere que los consumidores permanezcan fieles a su producto, tiene que ofrecer servicios _____.
4. Un vendedor (representante de ventas) que tiene sensibilidad sabe hasta qué punto puede _____ al cliente potencial.
5. No se debe _____ el poder de la publicidad. La publicidad no le hará comprar nada al cliente que no está ya dispuesto a comprar.
6. Frecuentemente la presentación que hace el representante de ventas puede _____ al cliente a comprar el producto.
7. Los gastos del presupuesto publicitario que se _____ a la televisión son fenomenales—enormes.
8. Se _____ una cantidad determinada de dinero al presupuesto publicitario y luego el director de marketing lo tiene que _____ entre los varios medios que piensa utilizar.

Ejercicio 10   Select the appropriate word(s) to complete each statement.

1. La imagen o el concepto que la empresa quiere comunicar (proyectar) al público se hace (efectúa) por medio de _____.
   a. ruedas de prensa   b. un mensaje publicitario   c. la dirección
2. Para _____ la atención del público, hay que tener una buena campaña de publicidad.
   a. concebir   b. recuperar   c. captar
3. El departamento (servicio) de _____ evalúa las actitudes que tienen los consumidores hacia la empresa.
   a. posventa   b. ventas   c. relaciones públicas
4. Si Ud. llena _____, le rebajarán el precio (le darán un descuento).
   a. este cupón de reducción   b. esta oferta especial   c. esta muestra
5. Esta noche habrá _____ especial en el canal 2. Hablará el director general de la empresa.
   a. una rueda de prensa   b. un receptor   c. una emisión

COMPRENSION

Ejercicio 1   Answer.

1. ¿Qué es la comunicación de marketing?
2. ¿Qué debe ser (deben ser) la(s) meta(s) de una campaña de publicidad?
3. ¿Por qué no debe la empresa siempre dedicar al presupuesto publicitario un porcentaje de ventas?
4. ¿Cuál es el objetivo primordial (más importante) del mensaje publicitario?
5. ¿Qué es la promoción de ventas?

6. ¿Cuáles son algunos ejemplos de la promoción de ventas?
7. ¿Qué evalúa el departamento de relaciones públicas?

Ejercicio 2   True or false?
1. La publicidad le convencerá al cliente a comprar algo aún cuando él no está verdaderamente dispuesto a comprarlo.
2. La creación del mensaje publicitario depende de los medios de comunicación seleccionados (escogidos).
3. Antes de tomar decisiones sobre una campaña de publicidad se debe especificar el grupo de consumidores deseado.
4. Los medios de comunicación seleccionados para una campaña de publicidad no tienen nada que ver con el mercado deseado.
5. Y los medios de comunicación seleccionados para la campaña no tienen ninguna influencia sobre el presupuesto publicitario.
6. Los gastos para la creación de mensajes publicitarios son muy altos comparados con los que se dedican a los medios de comunicación.
7. El vendedor o el representante de ventas de la empresa es un ejemplo de la comunicación masiva de marketing.

Ejercicio 3   Follow the directions.
Identifique las decisiones que se toman al planear una campaña de publicidad.

Ejercicio 4   Follow the directions.
Explique algunas responsabilidades importantes que tiene el vendedor o el representante de ventas.

Ejercicio 5   In your own words, explain each of the following terms.
1. la comunicación o la publicidad masiva
2. la comunicación de marketing personal o particular
3. la publicidad gratuita
4. las relaciones públicas

Capítulo 23
MARKETING
INTERNACIONAL

Se dice que el mundo se hace cada vez más pequeño. Si se juzga por las transacciones comerciales, es verdad. Gracias a los avances en los medios de comunicación, el número de intercambios comerciales a nivel internacional aumenta con gran rapidez. Los principios básicos de marketing se aplican también al marketing internacional. Hay muchos factores individuales que considerar, pero el más importante es el factor cultural.

Ambiente cultural

El comportamiento de los consumidores se rige por su cultura y es la primera responsabilidad del director de marketing conocer estas características culturales y, por consiguiente, adaptar las estrategias del marketing mix. No es cuestión solamente de conocer las exigencias de la religión del país, la estructura de la familia y las costumbres comerciales, sino también conocer el idioma[1] y lo que ciertos sonidos sugieren o el significado de ciertos colores o flores. El Chevrolet marca Nova no tuvo éxito en Hispanoamérica hasta que por fin se dieron cuenta de lo que significa «No va» en español. También se debe saber que en Francia y España los crisantemos son las flores que se usan para decorar las tumbas en los cementerios el Día de los muertos, el 1 de noviembre, y que en los países de Oriente la amapola[2] blanca es símbolo de la muerte. Hay que considerar también el sistema y el nivel de educación formal, así como todos los factores que determinan la posición de un individuo dentro de su marco social.

Ambiente político

La mayoría de los países tienen sus propias leyes para regular la penetración de sus mercados por empresas extranjeras. Por eso el director de marketing debe familiarizarse con los reglamentos y, si es necesario, los productos deben modificarse de acuerdo con los reglamentos. El hecho de que el sistema métrico se emplea en la mayoría de los países industrializados, con excepción de los EE.UU., requiere importantes modificaciones. El teclado de la máquina de escribir o la computadora no es el mismo para todos los idiomas. El tamaño del papel para máquinas de escribir no es el mismo en Europa que en los EE.UU.

---

[1] *language*   [2] *poppy*

Ambiente económico

Las necesidades de los consumidores se determinan según la situación económica del país o de la región. No es beneficioso levantar una fábrica de neveras[3] en un país agrícola si la primera necesidad allí es la fabricación y reparación de equipo agrícola. No todas las economías son industrializadas. Todavía existen economías de subsistencia que viven sólo de lo que produce la tierra. Otras economías en vías de industrialización (desarrollo) levantan industrias de procesamiento, como enlatados[4] de pescado[5], jugos de frutas, etc. Para los países industrializados los productos que más beneficio rinden son los productos terminados.

El estado del balance comercial, el balance de pagos y las tasas de cambio son los elementos de mayor consideración. El balance comercial es la diferencia entre las importaciones y las exportaciones. Es preferible tener un balance de sobrante comercial, es decir que las exportaciones sean superiores a las importaciones. El balance de pagos es la diferencia entre las entradas y las salidas de divisas. Varios países industrializados llevan un balance de pagos negativo o un déficit.

La tasa o el tipo de cambio es el valor de cambio entre dos divisas. Cuando una moneda está en demanda, su valor asciende. Cuando su valor asciende, sus productos cuestan más en el extranjero y, por consiguiente, sus exportaciones tienden a bajar.

El marketing mix es, esencialmente, lo mismo para el mercado internacional como para el mercado nacional. La única diferencia es que para el mercado internacional hay que adaptarse a cada país donde se quiere vender. Muchos países, el Japón, por ejemplo, se esfuerzan para facilitar la expansión comercial de las empresas nacionales. El Japón hasta tiene un ministerio del gobierno que se dedica exclusivamente al comercio internacional, el *MITI*. A la luz de los recientes acontecimientos políticos, entre ellos la apertura[6] de la Europa Oriental hacia el oeste y una futura Europa Unida, el marketing internacional se pondrá indudablemente en primer plano.

---

[3]*refrigerators*   [4]*canning*   [5]*fish*   [6]*opening*

ESTUDIO DE PALABRAS

Ejercicio 1   Study the following cognates that appear in this chapter.

la transacción	la responsabilidad	la industria
el avance	la estructura	el procesamiento
los medios de comunicación	la penetración	el déficit
	el reglamento	la modificación
el factor	el sistema	la religión
la cultura	la computadora	la importación
la característica	la subsistencia	la exportación
el crisantemo		

internacional	regular	aplicar
comercial	métrico	adaptar
individual	industrializado	facilitar
cultural	económico	
político		

Ejercicio 2   Give the word being defined.
1. de muchos países diferentes
2. la acción de enviar productos o mercancías a otros países
3. la acción de recibir mercancías fabricadas en países extranjeros
4. un cambio relativamente sencillo
5. un país que tiene mucha industria
6. hacer más fácil
7. católico, protestante, judío, musulmán

Ejercicio 3   Complete each expression with the appropriate word(s).
1. metric system   el sistema _____
2. mass media   los medios de _____
3. processing industry   la industria de _____
4. family structure   _____ de la familia
5. cultural characteristics   las características _____
6. political structure   la estructura _____
7. government regulation   _____ gubernamental
8. technological advances   _____ tecnológicos

Ejercicio 4   Match the English word or expression in Column A with its Spanish equivalent in Column B.

A	B
1. trade balance	a. el déficit
2. balance of payments	b. el comercio internacional
3. deficit	c. las divisas
4. surplus	d. el balance comercial
5. currency	e. extranjero
6. foreign currencies	f. el sobrante
7. foreign	g. el valor de cambio
8. exchange	h. la moneda
9. exchange rate	i. rendir un beneficio
10. exchange value	j. la tasa (el tipo) de cambio
11. to yield a profit	k. el cambio
12. international trade	l. el balance de pagos

Ejercicio 5   Complete each statement with the appropriate word(s).
1. Hoy el _____ está a 105 pesetas el dólar.
2. El balance indica _____ porque tienen más importaciones que exportaciones.

3. El balance indicará _____ cuando tengan más exportaciones que importaciones.
4. Las monedas extranjeras son _____.
5. La diferencia entre las entradas y las salidas de divisas es _____.
6. Un balance de pagos que registra _____ es preferible al balance que registra un déficit.
7. _____ de las divisas cambia diariamente según la demanda para la divisa.
8. El comercio entre varias naciones es _____.
9. La empresa quiere _____ un beneficio del comercio que tiene con otras naciones.

Ejercicio 6   Match the English word or expression in Column A with its Spanish equivalent in Column B.

A	B
1. custom	a. el nivel
2. sound	b. la costumbre
3. level	c. el intercambio
4. social setting	d. la exigencia
5. keyboard	e. el sonido
6. typewriter	f. el teclado
7. exchange	g. el marco social
8. requirement	h. la máquina de escribir

Ejercicio 7   Complete each statement with the appropriate word(s).
1. Una máquina de escribir tiene un _____.
2. Y el _____ tiene teclas.
3. Los Espinoza tienen la _____ de comer tarde como la mayoría de los españoles.
4. No me gusta el _____ de este instrumento. Lo encuentro desagradable.
5. Hay muchos programas de _____ entre estudiantes, profesores, etc.
6. El _____ social de un individuo influye en sus gustos y sus exigencias.
7. Las _____ culturales y religiosas juegan un papel importante en la selección de bienes y servicios.

COMPRENSION

Ejercicio 1   Answer.
1. ¿Qué tiene que conocer el director de marketing de una empresa internacional?
2. Si uno va a hacer publicidad en Francia o en España, ¿por qué se debe evitar los crisantemos?

3. ¿Por qué es necesario modificar las medidas indicadas en los productos americanos si la empresa piensa venderlos en Europa, por ejemplo?
4. ¿Por qué no son los teclados de todas las máquinas de escribir o computadoras los mismos?
5. ¿Qué es el balance comercial?
6. El balance de pagos de los Estados Unidos, ¿indica un déficit o un sobrante?
7. ¿Qué es el balance de pagos?

Ejercicio 2   True or false?
1. Los principios básicos de marketing que se emplean en los Estados Unidos no se aplican al marketing internacional.
2. Es mejor tener un déficit en el balance de pagos que tener un sobrante.
3. Si hay una demanda por una divisa, su valor asciende.
4. A la luz de los recientes acontecimientos en la Europa Oriental, el marketing internacional tendrá aún más importancia.

Ejercicio 3   Match the word or expression in Column A with its definition in Column B.

A	B
1. la moneda española	a. la diferencia entre las entradas y salidas de las divisas
2. las divisas	b. 105 pesos al dólar
3. el balance de pagos	c. el franco suizo, la libra esterlina, el yen japonés, etc.
4. la tasa o el tipo de cambio	d. la peseta

Ejercicio 4   Follow the directions.
   Ud. está hablando con un director de marketing en un país hispano. Dígale lo que debe evitar si quiere hacer publicidad o promoción para lanzar un producto y conquistar el mercado americano.

ANSWERS TO VOCABULARY EXERCISES

COMERCIO

CAPITULO 1: Introducción al comercio

Ejercicio 2
1. divisible   2. movible   3. participante   4. estable   5. complejo

Ejercicio 3
1. f   2. h   3. a   4. b   5. j   6. l   7. d   8. k   9. e   10. g   11. c   12. i

Ejercicio 4
1. c   2. h   3. e   4. j   5. k   6. a   7. f   8. l   9. d   10. g   11. b   12. i

Ejercicio 5
1. el vendedor   2. el comprador   3. el beneficio   4. el propósito
5. al por mayor   6. al detal   7. el mercado   8. el pago

Ejercicio 6
1. c   2. b   3. b   4. c   5. a   6. c   7. b

Ejercicio 7
1. c   2. g   3. l   4. i   5. a   6. f   7. j   8. d   9. n   10. o   11. e   12. p
13. k   14. b   15. h   16. m

Ejercicio 8
1. b   2. a   3. c   4. a   5. a   6. b   7. b   8. a

Ejercicio 9
1. el precio   2. los bienes   3. el (dinero en) efectivo   4. el valor   5. el trueque
6. la deuda   7. el pagaré

CAPITULO 2: Sistemas económicos

Ejercicio 2
1. g   2. d   3. a   4. i   5. b   6. f   7. h   8. j   9. e   10. c   11. k

Ejercicio 3
1. el comunismo   2. el capitalismo   3. el capitalismo   4. el comunismo
5. el comunismo   6. el capitalismo   7. el comunismo   8. el capitalismo

Ejercicio 4
1. a   2. c   3. b   4. b   5. a

Ejercicio 5
l. la ocupación   2. gubernamental   3. los fondos   4. industrializado   5. puro
6. el sector   7. la cuestión   8. la teoría

Ejercicio 6
1. b   2. c   3. d   4. f   5. e   6. a   7. g

Ejercicio 7
1. b   2. c   3. a   4. c   5. b   6. a

Capitulo 3: Empresas comerciales

Ejercicio 2
1. gigante   2. un individuo   3. los fondos   4. la porción   5. el futuro
6. participar   7. la deuda   8. numeroso   9. ilimitado   10. el poseedor
11. inicialmente   12. la categoría

Ejercicio 3
1. b   2. d   3. a   4. e   5. c

Ejercicio 4
1. c   2. a   3. c   4. a   5. c

Ejercicio 5
1. d   2. f   3. b   4. i   5. j   6. c   7. g   8. a   9. h   10. e   11. l   12. k

Ejercicio 6
1. b   2. f   3. d   4. e   5. a   6. g   7. c

Ejercicio 7
1. b   2. c   3. a   4. a   5. c   6. b

Ejercicio 8
1. l   2. b   3. n   4. f   5. h   6. m   7. j   8. d   9. c   10. a   11. o   12. e
13. i   14. g   15. k

Ejercicio 9
1. derecho   2. dividendos   3. acción   4. bono, título   5. intereses   6. sube
7. riesgo, baja   8. quiebra   9. intereses, dividendos

Capitulo 4: Responsabilidades sociales y morales de la empresa

Ejercicio 2
1. el propietario   2. el director   3. el consumidor   4. el dilema
5. industrial   6. el abuso   7. devorar   8. defectuosa   9. la discriminación
10. el capital   11. en contra   12. declarar

Ejercicio 3
1. e   2. b   3. h   4. j   5. c   6. g   7. d   8. i   9. a   10. f   11. l   12. k

Ejercicio 4
1. defectuosa   2. ecologista   3. industrial   4. gases   5. tóxicos   6. el aire
7. minoritario   8. Afirmativa   9. económica   10. personal

Ejercicio 5
1. d 2. g 3. j 4. l 5. n 6. a 7. h 8. b 9. o 10. i 11. m 12. e
13. c 14. k 15. f

Ejercicio 6
1. el derecho 2. la reglamentación 3. el poder 4. verse en peligro 5. exigir
6. invertir

Ejercicio 7
1. meta 2. poderoso 3. puesto 4. El accionista 5. reglamentarias
6. en peligro 7. derechos 8. invertir 9. cueste lo que cueste

Ejercicio 8
1. a 2. o 3. e 4. b 5. h 6. k 7. m 8. d 9. i 10. n 11. c 12. g
13. l 14. j 15. f

Ejercicio 9
1. jefe 2. empleados 3. remuneración (paga) 4. jefes
5. las prácticas de reclutamiento 6. revuelo 7. acoso 8. título académico
9. plaga 10. envejecientes 11. política 12. remuneración

Ejercicio 10
1. el director 2. la remuneración 3. revuelo 4. los empleados 5. la política
6. una plaga

Ejercicio 11
1. g 2. b 3. e 4. i 5. f 6. j 7. h 8. c 9. k 10. d 11. a 12. l

Ejercicio 12
1. b 2. a 3. b 4. b 5. c 6. c

Ejercicio 13
queman, sueltan, se deshacen de, derraman, contaminan

CAPITULO 5: Organización de la empresa

Ejercicio 2
1. el salario 2. un producto 3. el inventario 4. dividir 5. clasificar
6. la fase 7. el incremento 8. el presidente 9. la manufactura 10. el banco

Ejercicio 3
1. salarial 2. gratuita 3. financieras 4. administrativos 5. administrativo
6. públicas 7. legal

Ejercicio 4
1. b 2. c 3. e 4. d 5. f 6. a 7. g

Ejercicio 5
1. c 2. b 3. c 4. b 5. b 6. a 7. b

Ejercicio 6
1. vende 2. satisface una necesidad humana 3. director ejecutivo

Ejercicio 7
1. b 2. f 3. g 4. d 5. c 6. a 7. e 8. i 9. h

Ejercicio 8
1. a   2. i   3. e   4. j   5. b   6. h   7. c   8. g   9. d   10. f   11. k

Ejercicio 9
1. La facturización   2. factura   3. relaciones públicas   4. cuentas   5. El balance
6. presupuesto

Ejercicio 10
1. el servicio de pagos y sueldos   2. el departamento de personal (recursos humanos)
3. el departamento de publicidad   4. el servicio de relaciones públicas
5. el servicio de posventa   6. el servicio de reparto   7. el servicio de compras
8. el servicio de estudios de mercado y de estadística   9. el departamento de personal

Ejercicio 11
1. b   2. e   3. g   4. a   5. i   6. k   7. c   8. f   9. m   10. n   11. j   12. h
13. l   14. d

Ejercicio 12
1. las técnicas de venta   2. una fábrica   3. el ciclo de vida del producto
4. la investigación   5. el incremento salarial   6. encargarse de   7. abastecer
8. dirigir   9. una tienda   10. las condiciones de trabajo

Capítulo 6: Administración de la empresa

Ejercicio 2
administración, administrativa, administradores, administran

Ejercicio 3
1. la jerarquía   2. la autoridad   3. un síntoma   4. la solución
5. el inconveniente   6. la clientela   7. el resultado   8. la función

Ejercicio 4
1. b   2. a   3. d   4. e   5. i   6. c   7. h   8. j   9. f   10. g

Ejercicio 5
1. delegar la autoridad   2. delegar la autoridad a un subordinado
3. determinar los síntomas   4. analizar todos los factores pertinentes
5. identificar el problema   6. buscar una solución   7. tomar una decisión
8. controlar los resultados   9. asignar una tarea

Ejercicio 6
1. e   2. h   3. k   4. a   5. m   6. d   7. f   8. l   9. g   10. i   11. c   12. j
13. b

Ejercicio 7
1. autoridad, poder   2. La administración
3. la planificación, la organización, la dirección, el control   4. el director

Ejercicio 8 *(Answers will vary.)*
1. Aún el director general de una empresa tiene que rendir cuentas a una junta directiva.
2. El sistema jerárquico es un sistema de dirección o administración de una empresa.
3. El administrador o el director dirige una empresa.

Ejercicio 9
1. b   2. c   3. d   4. e   5. a   6. g   7. f

Ejercicio 10
1. aconsejo   2. La toma de decisiones   3. rendir cuentas   4. poner en práctica
5. cumplir con

Ejercicio 11
1. j   2. g   3. a   4. i   5. e   6. b   7. f   8. c   9. h   10. d

Ejercicio 12
1. la dirección por objetivos   2. la organización por funciones
3. la organización según la clientela   4. la organización a base de productos
5. la administración de tiempo   6. una pauta   7. la facilidad de comunicar
8. la competencia técnica

CAPÍTULO 7: Sindicatos

Ejercicio 2
1. k   2. b   3. e   4. m   5. n   6. c   7. f   8. a   9. i   10. j   11. d   12. g
13. h   14. l   15. o

Ejercicio 3
1. d   2. g   3. i   4. a   5. f   6. b   7. j   8. h   9. c   10. e

Ejercicio 4
1. c   2. e   3. f   4. b   5. a   6. h   7. i   8. k   9. l   10. m   11. g   12. j
13. d

Ejercicio 5
1. desempleado   2. no diestro   3. El obrero   4. patrono (propietario)
5. empleados   6. pleno empleo   7. El patrono   8. El desempleo   9. sindicatos
10. gremio (oficio)   11. mano de obra   12. asalariado

Ejercicio 6
1. c   2. f   3. a   4. g   5. b   6. d   7. e

Ejercicio 7
1. b   2. d   3. e   4. a   5. g   6. c   7. h   8. f   9. i

Ejercicio 8
1. Las negociaciones entre el sindicato y los patronos no han tenido éxito. Han fracasado.
2. El sindicato se ha declarado en huelga.
3. Los miembros del sindicato (Los huelguistas) han formado una fila de piquetes.
4. La empresa ha anunciado el cierre.
5. La empresa se trasladó a otro lugar.
6. La empresa se ha instalado de nuevo en otra ciudad.

Ejercicio 9
1. c   2. b   3. c   4. b   5. a

Ejercicio 10
1. b   2. g   3. c   4. i   5. l   6. e   7. m   8. j   9. d   10. a   11. k   12. h
13. f

Ejercicio 11
1. True   2. False   3. False   4. False   5. True   6. True   7. False   8. True

Ejercicio 12
1. los medios de presión   2. fracasar   3. negociar   4. el pago (la remuneración)
5. la protección de empleo (la seguridad de empleo)

Ejercicio 13
1. c   2. i   3. l   4. a   5. k   6. e   7. d   8. j   9. f   10. g   11. h   12. b

Ejercicio 14
1. destreza, formación   2. pesada   3. tachar   4. regula   5. hogar infantil
6. reclutar   7. derechos   8. acuerdo   9. beneficios   10. Las horas laborables

Capítulo 8: Producción de bienes y servicios

Ejercicio 2
1. d   2. e   3. b   4. a   5. f   6. c   7. k   8. g   9. l   10. h   11. j   12. i

Ejercicio 3
1. planear   2. controlar   3. distribuir   4. inspeccionar   5. resolver   6. producir
7. reducir   8. organizar   9. costar   10. reemplazar   11. operar   12. indicar
13. satisfacer   14. rectificar   15. requerir

Ejercicio 4
1. c   2. e   3. i   4. f   5. j   6. n   7. l   8. m   9. a   10. p   11. g   12. b
13. k   14. d   15. h

Ejercicio 5
1. el control de materiales   2. el control de inventario   3. el sondeo de opinión
4. el control de calidad   5. el aseguramiento de calidad   6. la eficiencia
7. la prueba al azar   8. el procedimiento   9. los costos de instalación
10. la reparación

Ejercicio 6
1. dañado   2. reparaciones, piezas   3. cese de producción   4. azar
5. sondeo de opinión

Ejercicio 7
1. h   2. j   3. b   4. d   5. l   6. a   7. f   8. e   9. k   10. c   11. m   12. i
13. g

Ejercicio 8
1. c   2. b   3. c   4. c   5. b   6. a   7. a   8. b   9. c   10. a

Ejercicio 9
1. c   2. i   3. f   4. g   5. b   6. j   7. a   8. h   9. d   10. e   11. l   12. k

Ejercicio 10
1. el encaminamiento   2. el plan de ejecución   3. la planificación   4. el despacho
5. la ergonomía

CAPITULO 9: Contabilidad y financiamiento empresariales

Ejercicio 2
1. d   2. o   3. n   4. a   5. b   6. m   7. j   8. e   9. f   10. k   11. l   12. h
13. g   14. i   15. c

Ejercicio 3
1. b   2. e   3. f   4. a   5. d   6. c

Ejercicio 4
1. c   2. a   3. f   4. g   5. i   6. h   7. j   8. b   9. d   10. e

Ejercicio 5
1. La contabilidad financiera   2. contable privado   3. contable público
4. contador público certificado   5. administrativa   6. El estado de resultados
7. estados   8. estados financieros

Ejercicio 6
1. i   2. k   3. b   4. e   5. j   6. a   7. c   8. h   9. g   10. l   11. f   12. d

Ejercicio 7
1. registrar   2. el libro mayor   3. el diario   4. las pérdidas   5. las ganancias
6. las cuentas por pagar   7. las cuentas por cobrar   8. transferir   9. el presupuesto
10. el período contable

Ejercicio 9
1. los pasivos   2. los activos   3. los activos circulantes   4. los activos fijos
5. la rentabilidad   6. los bienes o los activos tangibles
7. los bienes o los activos intangibles   8. el flujo de efectivo
9. los gastos pagados con anticipación   10. los gastos por pagar   11. los valores
12. la acción   13. emitir títulos u obligaciones

Ejercicio 10
1. d   2. f   3. a   4. g   5. b   6. e   7. i   8. c   9. j   10. h

Ejercicio 11
1. e   2. f   3. h   4. c   5. a   6. b   7. g   8. d

CAPITULO 10: Banca y Bolsa

Ejercicio 2
1. f   2. g   3. i   4. c   5. k   6. b   7. l   8. e   9. m   10. n   11. d   12. h
13. j   14. o   15. p   16. a   17. r   18. s   19. q   20. t

Ejercicio 3
1. a   2. b   3. a   4. c   5. c   6. b   7. c   8. a   9. c   10. c   11. c   12. c
13. c   14. b

Ejercicio 4
1. el estado de cuenta   2. el librador, una cuenta corriente   3. el beneficiario
4. el titular   5. la hoja de ingreso

Ejercicio 5
1. e   2. f   3. a   4. h   5. l   6. k   7. n   8. c   9. g   10. d   11. m   12. i
13. b   14. j

Ejercicio 6
1. una hoja de ingreso   2. una cuenta de ahorros   3. firmar   4. endosar
5. libreta   6. interés   7. un préstamo   8. retirar   9. invertir   10. emitir

Ejercicio 7
1. c   2. e   3. f   4. i   5. g   6. j   7. a   8. k   9. h   10. b   11. d   12. m
13. l

Ejercicio 8
1. Bolsa de Comercio   2. el corredor   3. Bolsa   4. Los valores   5. acciones
6. vendedor, comprador   7. intermediario (corredor)   8. en alza   9. en baja

CAPITULO 11: Riesgos

Ejercicio 2
1. d   2. b   3. f   4. h   5. c   6. a   7. e   8. g

Ejercicio 3
1. c   2. e   3. g   4. f   5. b   6. d   7. h   8. a

Ejercicio 4
1. obvio   2. suficiente   3. el defecto   4. minimizar   5. reducir   6. automático
7. racional

Ejercicio 5
1. True   2. False   3. True   4. True   5. False   6. False

Ejercicio 6
1. d   2. f   3. a   4. h   5. c   6. j   7. k   8. e   9. b   10. l   11. g   12. i

Ejercicio 7
1. c   2. f   3. j   4. m   5. a   6. h   7. l   8. o   9. b   10. e   11. n   12. i
13. d   14. g   15. k

Ejercicio 8
1. riesgo   2. imprevisible   3. ingresos   4. de explotación   5. vigilar
6. riesgo imprevisible   7. personal clave   8. deuda   9. retirar
10. prever, predecir   11. valerse

Ejercicio 9
1. el embalaje   2. un robo   3. un defecto   4. el personal clave   5. hacerse daño
6. pagar una multa   7. vigilar   8. apartar   9. arriesgarse   10. la pérdida
11. robar   12. valerse de

Ejercicio 10
1. b   2. h   3. e   4. a   5. f   6. c   7. g   8. d   9. i   10. j

Ejercicio 11
1. b   2. a, c   3. c   4. c   5. c   6. b

Ejercicio 12
1. c   2. e   3. g   4. a   5. b   6. h   7. f   8. d

Ejercicio 13
1. asegurarse   2. asegurador   3. asegurados   4. póliza   5. Se asegura
6. compañía de seguros

CAPITULO 12: Seguros

Ejercicio 2
1. d   2. j   3. e   4. h   5. c   6. a   7. i   8. b   9. f   10. g

Ejercicio 3
1. c   2. e   3. h   4. a   5. j   6. b   7. l   8. d   9. k   10. f   11. m   12. g
13. i   14. o   15. n

Ejercicio 4
1. asegurado   2. asegurador, asegurado   3. póliza   4. cuota   5. actuarios
6. El beneficiario   7. El deducible

Ejercicio 5
1. b   2. a   3. d   4. e   5. c

Ejercicio 6
1. b   2. h   3. a   4. e   5. i   6. k   7. c   8. f   9. l   10. m   11. g   12. j
13. d   14. o   15. n   16. p

Ejercicio 7
1. el seguro de responsabilidad civil   2. el seguro contra desempleo
3. el seguro contra accidentes de trabajo   4. el seguro de vida   5. el seguro médico
6. el seguro contra la invalidez   7. el seguro contra incendio
8. el seguro de auto contra todo riesgo

CAPITULO 13: Finanzas del comercio internacional

Ejercicio 2
1. multinacional   2. internacional   3. el teléfono, el télex, el facsímil
4. corporativos

Ejercicio 3
1. c   2. e   3. f   4. b   5. d   6. a

Ejercicio 4
1. j   2. e   3. o   4. a   5. l   6. c   7. p   8. i   9. b   10. q   11. d   12. g
13. n   14. k   15. f   16. m   17. h

Ejercicio 5 *(Answers will vary.)*
1. Para poder competir mejor, las grandes empresas de automóviles establecen fábricas en el extranjero.
2. La competencia controla la subida de los precios.
3. La Ford y Honda son dos grandes competidores.
4. Los precios de los autos norteamericanos son competitivos con los de los japoneses.
5. Habría una falta de competividad si los autos norteamericanos que son exportados al extranjero fueran más caros que los autos fabricados en el país.

Ejercicio 6
1. efectuar   2. deducir   3. conlleva   4. manufactura (fabrica)
5. La tasa de cambio   6. la libra esterlina   7. La compañía matriz   8. riesgos

Ejercicio 7
1. c   2. d   3. e   4. a   5. b

MARKETING

CAPITULO 14: Marketing en la economía

Ejercicio 2
1. e   2. h   3. a   4. f   5. j   6. c   7. g   8. i   9. l   10. k   11. b   12. d

Ejercicio 3
1. a   2. d   3. f   4. j   5. h   6. g   7. b   8. c   9. i   10. e

Ejercicio 4
1. a   2. c   3. b   4. a   5. c   6. b

Ejercicio 5
1. d   2. g   3. j   4. a   5. l   6. o   7. h   8. m   9. i   10. b   11. e   12. q
13. k   14. n   15. r   16. c   17. f   18. p

Ejercicio 6
1. la ganancia   2. el costo   3. el consumidor   4. el mercado   5. rentable
6. la investigación   7. la fábrica   8. la promoción de ventas
9. los puntos de venta   10. el almacén   11. la publicidad (la propaganda)

Ejercicio 7
1. g   2. i   3. b   4. e   5. k   6. a   7. l   8. c   9. f   10. j   11. h   12. d
13. n   14. m

Ejercicio 8
1. c   2. e   3. a   4. f   5. g   6. b   7. d   8. h

Ejercicio 9
1. rama   2. proveer   3. comprende   4. capacidad   5. Los costos   6. averiguar
7. desarrollar   8. adecuados

Ejercicio 10
1. c   2. a   3. d   4. b   5. e

CAPITULO 15: Variables controlables e incontrolables en el marketing

Ejercicio 2
1. controlable   2. variable   3. director   4. aceptable   5. demográfica
6. movimiento   7. economía   8. recesión   9. expansión   10. origen
11. programación   12. estereofónico   13. industria   14. electrónica
15. tecnológicos

Ejercicio 3
1. p   2. d   3. l   4. f   5. a   6. o   7. b   8. m   9. c   10. n   11. h   12. e
13. q   14. g   15. j   16. i   17. k

Ejercicio 4
1. b   2. c   3. b   4. a   5. a

Ejercicio 5
1. c   2. d   3. f   4. h   5. a   6. e   7. k   8. i   9. n   10. m   11. j   12. o
13. b   14. p   15. l   16. q   17. g

Ejercicio 6
1. modo de empleo   2. vías de comunicación   3. precio   4. marcas
5. comportamiento

Ejercicio 7
1. el precio   2. la redacción   3. el mantenimiento   4. la envoltura
5. los canales de distribución   6. el modo de empleo   7. el beneficio
8. la competencia

Ejercicio 8
1. e   2. g   3. i   4. a   5. k   6. n   7. c   8. l   9. o   10. d   11. b   12. m
13. f   14. p   15. j   16. h

Ejercicio 9
1. el mayorista   2. el detallista (el minorista)   3. la tasa de desempleo
4. la reparación   5. el nivel de educación   6. lanzar un producto   7. la fusión
8. la inflación   9. las facilidades para el (de) crédito (las facilidades de pago)
10. las fuentes de ingreso   11. la fijación de los precios   12. el ingreso (la renta)

Ejercicio 10
1. d   2. f   3. h   4. m   5. g   6. b   7. a   8. j   9. c   10. l   11. e   12. k
13. i   14. n

Ejercicio 11
1. prever   2. meta, satisfacer   3. beneficio   4. mensaje   5. gastar   6. éxito
7. rinde   8. reglamentan   9. presupuesto

Capitulo 16: El mercado

Ejercicio 2
1. b   2. f   3. d   4. h   5. i   6. j   7. c   8. a   9. k   10. e   11. g

Ejercicio 3
1. d   2. a   3. e   4. h   5. j   6. b   7. g   8. k   9. f   10. c   11. l   12. i

Ejercicio 4
1. segmentar   2. específicos   3. rentables   4. autoridad   5. analizar

Ejercicio 5
1. c   2. e   3. g   4. h   5. i   6. b   7. n   8. k   9. p   10. l   11. d   12. a
13. q   14. o   15. f   16. r   17. m   18. j

Ejercicio 6
1. b   2. c   3. a   4. c   5. b   6. b   7. c   8. b   9. c   10. b

Capítulo 17: Investigación comercial

Ejercicio 2
1. m   2. f   3. a   4. i   5. b   6. l   7. h   8. c   9. e   10. k   11. g   12. d
13. j

Ejercicio 3
1. d   2. f   3. h   4. a   5. j   6. b   7. i   8. c   9. e   10. g

Ejercicio 4
1. a   2. e   3. f   4. i   5. k   6. m   7. j   8. b   9. n   10. g   11. o   12. q
13. c   14. r   15. l   16. h   17. d   18. p

Ejercicio 5
1. Debe hacer un sondeo de opinión.
2. Debe escoger una muestra de la población entera.
3. Es encuestador.
4. La tasa de devolución será muy baja.
5. El señor Salas es el consumidor.
6. Para que los resultados de la encuesta sean válidos, es necesario tener una muestra
   representativa de la población.
7. Se habla de una encuesta.
8. No. El cuestionario debe ser diseñado de diferente manera según el método de uso.

Ejercicio 6
1. c   2. d   3. a   4. f   5. e   6. g   7. h   8. i   9. b

Ejercicio 7
1. e   2. i   3. k   4. c   5. f   6. m   7. o   8. j   9. a   10. l   11. p   12. r
13. h   14. n   15. g   16. d   17. s   18. b   19. q   20. t

Ejercicio 8
1. pedidos   2. entregar   3. rentabilidad   4. falta (disminución)
5. cámaras ocultas   6. comisión, vendedor   7. etapas
8. lectores ópticos, tornos de entrada   9. empresa grande, comercio   10. publica
11. entrevista

Ejercicio 9
1. el torno de entrada   2. la cámara oculta   3. la cámara oculta
4. el servicio contable (la computadora)   5. el personal de ventas
6. la computadora (el lector óptico)

Ejercicio 10
1. c   2. b   3. a, c   4. c   5. b

Capítulo 18: El consumidor

Ejercicio 2
1. b   2. f   3. g   4. e   5. c   6. d   7. a   8. h

Ejercicio 3
1. subconsciente   2. la necesidad   3. la percepción   4. la iniciativa   5. prohibir
6. la categoría   7. modificar   8. calmar

Ejercicio 4
1. recomendar   2. subconsciente   3. actitud   4. cultural   5. social

Ejercicio 5
1. e   2. h   3. a   4. n   5. g   6. j   7. c   8. k   9. l   10. d   11. i   12. m
13. f   14. b   15. p   16. o

Ejercicio 6
1. c   2. b   3. a   4. c   5. b   6. c   7. b   8. c   9. a   10. c

Ejercicio 7
1. c   2. e   3. a   4. d   5. b

Capitulo 19: El producto

Ejercicio 2
1. el choque   2. el distribuidor   3. la presentación   4. el color   5. la línea
6. un símbolo   7. la calidad   8. la garantía

Ejercicio 3
1. b   2. c   3. f   4. i   5. a   6. h   7. d   8. g   9. e

Ejercicio 4
1. f   2. d   3. h   4. j   5. l   6. g   7. a   8. i   9. o   10. p   11. b   12. r
13. e   14. k   15. c   16. m   17. n   18. q

Ejercicio 5
1. d   2. f   3. a   4. g   5. b   6. c   7. e

Ejercicio 6
1. la marca   2. el modelo   3. la envoltura, el embalaje   4. la imagen de la marca
5. la garantía y el servicio posventa   6. el peso   7. el tamaño
8. satisfacción o reembolso

Ejercicio 7
1. b   2. a   3. c   4. c

Capitulo 20: Canales de distribución

Ejercicio 2
1. c   2. f   3. h   4. a   5. j   6. d   7. l   8. m   9. k   10. e   11. n   12. b
13. g   14. i

Ejercicio 3
1. b   2. c   3. a   4. b   5. c   6. a   7. b   8. c

Ejercicio 4
1. d   2. f   3. h   4. k   5. a   6. i   7. o   8. g   9. l   10. b   11. n   12. e
13. j   14. m   15. c

Ejercicio 5
1. el centro comercial   2. el depósito   3. el fabricante   4. las existencias
5. la red   6. el costo de distribución   7. la cadena   8. tener al corriente
9. en gran escala   10. convenir

Ejercicio 6
1. las ventas por correo   2. las ventas a domicilio   3. las ventas por catálogo

Ejercicio 7
1. b   2. f   3. i   4. c   5. m   6. n   7. d   8. p   9. o   10. g   11. l   12. h
13. k   14. j   15. e   16. a

Ejercicio 8
1. entregas   2. flete, red   3. ferrocarril, cargas, cargas
4. El mayorista, el detallista   5. intermediario   6. canales   7. fluvial   8. el saldo

Ejercicio 9
1. b   2. i   3. n   4. a   5. l   6. e   7. j   8. c   9. m   10. f   11. d   12. g
13. k   14. h

Capitulo 21: Precio

Ejercicio 2
1. c   2. e   3. h   4. i   5. d   6. j   7. a   8. l   9. b   10. k   11. f   12. g

Ejercicio 3
1. a   2. e   3. d   4. j   5. m   6. n   7. n   8. o   9. c   10. b   11. i   12. k
13. p   14. q   15. h   16. r   17. f   18. s   19. t   20. g

Ejercicio 4
1. el margen de beneficio   2. fijar   3. la oferta   4. la demanda
5. oferta, demanda   6. aumentar (subir, alzar)   7. bajar (reducir)
8. los costos de instalación   9. valor   10. oferta especial

Ejercicio 5
1. el precio sicológico   2. la fase de madurez de un producto
3. la alineación de precios   4. el precio de penetración   5. el precio de exclusión
6. la discriminación de precios

Ejercicio 6
1. e   2. g   3. f   4. j   5. a   6. l   7. p   8. m   9. h   10. k   11. o   12. n
13. i   14. c   15. b   16. d

Ejercicio 7
1. bolsillo   2. curva, curva   3. madurez   4. suprimir   5. tiendas de rebajas
6. hincapié   7. lanzamiento   8. sumar   9. añadir   10. razón   11. dispuestos

Ejercicio 8
el lanzamiento, el crecimiento, la madurez, el declive

CAPITULO 22: Promoción

Ejercicio 2
1. gratuito   2. la percepción   3. distinguir   4. familiarizarse   5. informativo
6. creativo   7. pertinente   8. el testimonio   9. especificar   10. estimular

Ejercicio 3
1. masiva   2. prácticas   3. personal   4. informativas   5. de promoción
6. pertinente   7. publicidad   8. potencial

Ejercicio 4
1. h   2. d   3. m   4. k   5. a   6. f   7. j   8. b   9. l   10. n   11. g   12. e
13. c   14. i

Ejercicio 5
1. a   2. c   3. c   4. a   5. b   6. c   7. a   8. a   9. c

Ejercicio 6
1. m   2. c   3. a   4. f   5. i   6. d   7. l   8. h   9. n   10. b   11. j   12. e
13. g   14. k

Ejercicio 7
1. emisor, receptor   2. principio   3. marcas, marcas   4. ofertas especiales
5. muestras   6. gastos   7. cupón de reducción   8. mensual   9. concurso
10. potencial

Ejercicio 8
1. d   2. f   3. g   4. a   5. i   6. b   7. h   8. l   9. j   10. e   11. c   12. k

Ejercicio 9
1. recuperar   2. redactar   3. posventa   4. presionar   5. sobrestimar
6. convencer   7. dedican   8. dedica, repartir

Ejercicio 10
1. b   2. c   3. c   4. a   5. a

CAPITULO 23: Marketing internacional

Ejercicio 2
1. internacional   2. la exportación   3. la importación   4. la modificación
5. industrializado   6. facilitar   7. la religión

Ejercicio 3
1. métrico   2. comunicación masiva   3. procesamiento   4. la estructura
5. culturales   6. política   7. el reglamento   8. los avances

Ejercicio 4
1. d   2. l   3. a   4. f   5. h   6. c   7. e   8. k   9. j   10. g   11. i   12. b

Ejercicio 5
1. cambio   2. un déficit   3. un sobrante   4. divisas   5. el balance de pagos
6. un sobrante   7. El valor   8. el comercio internacional   9. rendir

Ejercicio 6

1. b   2. e   3. a   4. g   5. f   6. h   7. c   8. d

Ejercicio 7

1. teclado   2. piano   3. costumbre   4. sonido   5. intercambio   6. marco
7. costumbres (exigencias)

SPANISH-ENGLISH VOCABULARY

A

a corto plazo   short-term
a largo plazo   long-term
abastecer   to replenish, supply
abrir una cuenta   to open an account
abuso *m*   abuse
accidente *m*   accident
accidente de trabajo *m*   work-related accident
acción *f*   share of stock; action
Acción Afirmativa *f*   Affirmative Action
acción común *f*   common stock
acción preferencial *f*   preferred stock
accionista *m* or *f*   shareholder, stockholder
aceptable   acceptable
aceptar   to accept
aconsejar   to advise
acoso sexual *m*   sexual harassment
acreedor *m*   creditor
actitud *f*   attitude
actividad *f*   activity
actividades financieras *f pl*   financial activities
activos *m pl*   assets
activos circulantes (corrientes) *m pl*   current assets
activos fijos *m pl*   fixed assets
activos intangibles *m pl*   intangible assets
activos tangibles *m pl*   tangible assets
actuario *m*   actuary
acuerdo *m*   agreement, accord
acumular   to accumulate
adaptar   to adapt
adecuado   adequate
adjunto administrativo   administrative assistant
administración *f*   administration; management, managing
administración de producción *f*   production management

administración de tiempo *f*   time management
administración por consejo *f*   staff organization, matrix management
administrador *m*   administrator, manager
administrar   to manage; to administer
administrativo   administrative
admirado   admired
afectado   affected
afectar   to affect
afirmativo   affirmative
agente *m* or *f*   agent
agrícola   agricultural
aire *m*   air
aire contaminado *m*   polluted air
aislamiento *m*   isolation
aislar   to isolate
ajuste *m*   adjustment
al detal   retail
al por mayor   wholesale
al por menor   retail
alergia *f*   allergy
alineación de precio *f*   price lining
aliviar   to alleviate
almacén *m*   warehouse
almacenaje *m*   warehousing
almacenar   to store, stock, warehouse
alterar   to alter
alternativa *f*   alternative
alumbrado *m*   lighting
ama de casa *f*   homemaker
ámbito *m*   environment, setting
amortización *f*   amortization
amortizar   to amortize
análisis *m*   analysis
análisis de tendencias *m*   trend analysis
analizar   to analyze
ansiedad *f*   anxiety
antecedente *m*   antecedent
anteceder   to come before

anticipación *f*   anticipation
anticipar   to anticipate
anuncio *m*   announcement, ad
anuncio publicitario *m*   advertisement
anverso *m*   face, front
añadir   to add, add on
apariencia *f*   appearance
apartar   to put aside
aplicarse   to apply
apreciable   appreciable
apropiado   appropriate
aproximado   approximate
aproximarse   to approximate
aranceles *m pl*   duty, excise taxes
arbitrio *m*   arbitration
área *f*   area
arriesgarse   to take a risk
artes gráficas *f pl*   graphic arts
artículo *m*   article
asalariado *m*   salaried employee
ascender   to ascend
ascenso *m*   promotion
asegurado *m*   insured
asegurador *m*   insurer
aseguramiento de calidad *m*   quality
  assurance
asegurarse   to be insured, insure oneself
asfixiar   to asfixiate
asistente administrativo *m*   administrative
  assistant
asociación *f*   partnership
asociar   to associate
atención personal *f*   personal attention
atractivo   attractive
aumentar   to increase
automático   automatic
automatización *f*   automation
autoridad *f*   authority
autoridad de mando *f*   line organization
autoritario   authoritarian
avance *m*   advance
avance tecnológico *m*   technological advance
avanzar   to advance
averiguar   to find out

B

bajar   to decrease, mark down
balance *m*   balance sheet
balance comercial *m*   balance of trade

balance de pagos *m*   balance of payments
banca *f*   banking, banking system
banco *m*   bank
banco comercial *m*   commercial bank
barco *m*   boat, ship
basarse   to be based
básico   basic
beneficiar   to benefit, profit from
beneficiario *m*   beneficiary, payee
beneficio *m*   profit; benefit
bienes *m pl*   goods
billete *m*   banknote, bill
boicoteo *m*   boycott
Bolsa *f*   Exchange
Bolsa Agropecuaria   Agricultural
  Exchange
Bolsa de Comercio *f*   Commodities
  Exchange
Bolsa de Metales Preciosos   Precious
  Metals Exchange
Bolsa (de Valores) *f*   Stock Market, Stock
  Exchange
bolsillo *m*   pocket
bono *m*   bond

C

cadena *f*   chain
cadena de emisoras *f*   network (radio, TV)
cadena de mando *f*   chain of command
cadena de montaje *f*   assembly line
cadena de supermercados *f*   chain of
  supermarkets
caja de ahorros *f*   savings bank
calculable   calculable
calcular   to calculate
cálculo *m*   calculation
calendario publicitario *m*   advertising
  schedule
calidad *f*   quality
calmar   to calm
cámara oculta *f*   hidden camera
cambiar   to exchange
cambio *m*   exchange; change
camión *m*   truck
campaña *f*   campaign
campaña promocional *f*   promotional
  campaign
campaña publicitaria *f*   advertising
  campaign

canal de distribución *m*   distribution channel
cancelar   to cancel
cantidad *f*   quantity
capacidad productiva (de producción) *f*   production capacity
capital *m*   capital
capital patrimonial *m*   stockholders' equity
capitalismo *m*   capitalism
captar la atención   to grab (get) the attention
capturar el mercado   to capture the market
característica *f*   characteristic
características culturales *f pl*   cultural characteristics
caracterizar   to characterize
carga grande *f*   large load
carretera *f*   highway
catástrofe *f*   catastrophe
catástrofe natural *f*   natural disaster
catastrófico   catastrophic
categoría *f*   category
causa y efecto   cause and effect
causar   to cause
centralizado   centralized
centro comercial *m*   shopping center, mall
certificado   certified
cese de producción *m*   production stoppage
cese de trabajo *m*   work stoppage
ciclo de vida del producto *m*   product life cycle
científico   scientific
cierre *m*   closing, shutdown
círculo *m*   circle
clase social *f*   social class
clasificar   to classify
cláusula *f*   clause
clave   key, important
cliente *m* or *f*   client
cliente potencial *m* or *f*   prospective customer, potential client
clientela *f*   clientele
climatológico   climatological
club *m*   club
cobrar   to cash, collect

colaboración *f*   collaboration
colaborar   to collaborate
colección *f*   collection
color *m*   color
combinación *f*   combination
comercial   commercial
comercialización *f*   marketing
comercio *m*   business, trade
comercio exterior *m*   foreign trade, foreign business
comercio interior *m*   domestic trade
comercio internacional *m*   international trade
comercio pequeño *m*   small business
comisión *f*   commission
comité *m*   committee
compañía *f*   company
compañía de seguros *f*   insurance company
compañía matriz *f*   parent company
compañía publicitaria *f*   advertising company
comparar   to compare
compartir   to share
compensar   to compensate
competencia *f*   competition; competence
competencia técnica *f*   technical know-how and skills
competidor *m*   competitor
competir   to compete
competitivo   competitive
competividad *f*   competitiveness
complejidad *f*   complexity
complejo   complex
completar   to complete
complicado   complicated
complicarse   to complicate
componer   to be composed of, made up of
comportamiento *m*   behavior
composición *f*   composition
comprador *m*   buyer
comprender   to comprise, include
computadora *f*   computer
computerizado   computerized
comunicación *f*   communication
comunicación de marketing *f*   marketing promotion
comunicación masiva *f*   mass communication

comunicar   to communicate
comunismo *m*   communism
con fines de lucro   profit-making
con fines sin lucro   nonprofit
con frecuencia   frequently
concebir   to conceive
concentración *f*   concentration
concentrarse   to concentrate
concepto *m*   concept
concertar   to reconcile, bring together
concordancia *f*   agreement
concurso *m*   contest
condición *f*   condition
condiciones de trabajo *f pl*   work(ing)
  conditions
condiciones decentes de trabajo *f pl*
  favorable (decent) working conditions
conexión *f*   connection
conflicto *m*   conflict
confrontarse   to confront
confundir   to confuse
confuso   confused, confusing
congreso *m*   congress, convention
conllevar   to carry with it
conservar   to conserve
consideraciones prácticas *f pl*   practical
  considerations
considerar   to consider
consistir en   to consist of
constantemente   constantly
consumerismo *m*   consumerism
consumidor *m*   consumer
consumir   to consume
contabilidad *f*   accounting
contabilidad administrativa *f*
  management accounting
contabilidad financiera *f*   financial
  accounting
contable *m* or *f*   accountant
contable privado *m* or *f*   private
  accountant
contable público *m* or *f*   public accountant
contable público certificado *m*   CPA
contador público titulado *m*   CPA
contaminar   to pollute
contrato *m*   contract
control *m*   control, controlling
control de calidad *m*   quality control
control de inventario *m*   inventory control

control de materiales *m*   materials
  management
control de producción *m*   production
  control
controlable   controllable
controlar   to control
controversia *f*   controversy
convencer   to convince
convenio colectivo *m*   collective
  bargaining
convenir   to suit
conversión *f*   conversion
convertirse   to convert
coordinar   to coordinate
corporación *f*   corporation
corporación gigante *f*   giant corporation
corporativo   corporate
corredor *m*   broker
corresponder   to correspond
corrupción *f*   corruption
costo *m*   cost
costo de distribución *m*   distribution cost
costo de producción *m*   manufacturing
  cost
costos *m pl*   cost-plus pricing
costos administrativos *m pl*
  administrative costs
costos de instalación *m pl*   set-up costs
costos de producción *m pl*   production
  costs
costumbre *f*   custom
cotidiano   daily
cotización *f*   quote
cotizarse   to be quoted
creación *f*   creation
crear   to create
creativo   creative
crecimiento *m*   growth
crecimiento económico *m*   economic
  growth
crecimiento futuro *m*   future growth
crédito *m*   credit
crisantemo *m*   chrysanthemum
crisis *f*   crisis
crisis económica *f*   economic crisis
cubrir   to cover
cuenta *f*   account
cuenta corriente *f*   checking account
cuenta de ahorros *f*   savings account

cuenta en (al) descubierto *f*   overdrawn account

cuentas por cobrar *f pl*   accounts receivable

cuentas por pagar *f pl*   accounts payable

cueste (costara) lo que cueste (costara) at any cost

cuestión *f*   question, issue

cuestionario *m*   questionnaire

cuidado médico *m*   medical care

cultura *f*   culture

cultural   cultural

cumplir con   to carry out, comply with

cuota *f*   contribution, payment, quota

cupón de reducción *m*   discount coupon

curva *f*   curve

CH

cheque *m*   check

cheque al portador *m*   check written to "cash," to the bearer

chequera *f*   checkbook

choque *m*   clash

D

dañado   damaged

daño *m*   harm

datos *m pl*   data

de fines de lucro (lucrativos)   profit-making

de fines sin lucro (no lucrativos) nonprofit

de lujo   luxurious

decente   decent

decidir   to decide

decisión *f*   decision

declarar   to declare

declive *m*   decline

dedicar   to allocate

dedicarse   to dedicate oneself

deducible   deductible

deducir   to deduct

defecto *m*   defect

defectuoso   defective

déficit *m*   deficit

definición *f*   definition

definido   defined

delegar   to delegate

demanda *f*   demand

demográfico   demographic

denuncia *f*   accusation, suit

departamento *m*   department

departamento de manufactura *m* manufacturing (production) department

departamento de publicidad *f* advertising department

departamento de relaciones públicas *m* public relations department

departamento de reparto (de expedición) *m*   shipping department

depender   to depend

depositar   to deposit, make a deposit

depósito *m*   deposit; warehouse

depósito inicial *m*   opening deposit

depreciación *f*   depreciation

depreciar   to depreciate

derecho *m*   right

derechos del consumidor *m pl* consumers' rights

derivado   derived

derramar   to dump, pour

desanimar   to discourage

desarrollar   to develop

describir   to describe

descuento *m*   discount

desechos industriales *m pl*   industrial wastes

desechos tóxicos *m pl*   toxic wastes

desempleado   out of work, unemployed

desempleo *m*   unemployment

deshacerse de   to get rid of, dispose of

despacho *m*   dispatching, shipping

despedir   to fire, let go

destinarse   to be destined, be assigned

destreza *f*   skill, expertise

detallista *m or f*   retailer

determinación *f*   determination

determinar   to determine

determinar un precio   to set (establish) a price

deuda *f*   debt

deudor *m*   debtor

devorar   to devour

diagrama *m*   diagram

diario   daily

diario *m*   daily ledger, journal

diferenciación *f*   differentiation

diferenciar   to differentiate

dificultad *f*   difficulty
dilema *m*   dilemma
dinero *m*   money
dinero de curso legal *m*   legal tender
dinero en efectivo *m*   cash
dinero-papel *m*   paper money
dirección *f*   management; managing;
   direction
dirección general *f*   general management
dirección por estado mayor *f*
   management by staff
dirección por objetivos *f*   management by
   objectives
director *m*   director, manager
director de marketing *m*   director of
   marketing
director ejecutivo *m*   executive director
dirigir   to direct, manage
discriminación *f*   discrimination
discriminación de precios *f*
   discrimination pricing
diseñar   to design
disminución *f*   diminution, decrease,
   reduction
disminuir   to diminish, decrease, reduce
disputa *f*   dispute
distancia *f*   distance
distinguir   to distinguish
distribución *f*   distribution
distribución demográfica *f*   demographic
   distribution
distribuidor *m*   distributor
distribuir   to distribute
dividendo *m*   dividend
dividir   to divide
divisas *f pl*   foreign currencies
divisible   divisible
división *f*   division
documento *m*   document
dominar   to dominate

E
ecología *f*   ecology
economía *f*   economy
economía de libre mercado *f*   free-market
   economy
economía nacional *f*   national economy
económico   economic
ecuación *f*   equation

edad *f*   age
efectivo *m*   cash
efecto *m*   effect
efectuar(se)   to carry out, bring about
eficaz   efficient
eficiencia *f*   efficiency
egresos *m pl*   expenses, expenditures
ejercer   to exercise, practice
elaborar   to elaborate
elección *f*   election
electrónico   electronic
elemento *m*   element
eligir   to elect
eliminar   to eliminate
embalaje *m*   packaging
emblema *m*   emblem
emisión *f*   issuance; emission; broadcast
emisión de obligaciones *f*   issuance of
   bonds or obligations
emisiones de gas *f pl*   gas emissions
emisor *m*   sender
emitir   to issue
empleado *m*   employee
empleo *m*   employment
emprender   to undertake
empresa *f*   business, enterprise, concern,
   firm
empresa colectiva *f*   partnership
empresa comercial *f*   business enterprise,
   business firm, sales firm, marketing firm
empresa de manufactura *f*
   manufacturing concern
empresa de servicios *f*   service enterprise
empresa grande *f*   large company
en alza   on the upside
en baja   on the downside
en contra   against
en gran escala   on a large scale
en vías de desarrollo   developing
encaminamiento *m*   routing
encargarse de   to take charge of
encuesta *f*   survey
encuesta a domicilio *f*   door-to-door
   survey
encuestador *m*   surveyor, pollster
endosar   to endorse
enfatizar   to emphasize
enfermedad *f*   illness
enorme   enormous

enterrar to bury
entrar en juego to come into play
entrega *f* delivery
entrevista *f* interview
entusiasmar to excite
envejecientes *m* or *f pl* senior citizens
envoltura *f* packaging
equilibrar to balance
equilibrio *m* balance, equilibrium
ergonomía *f* ergonomics (human engineering)
escala *f* scale
escándalo *m* scandal
escoger to choose
escribir un cheque to write a check
escrúpulos *m pl* scruples
esencial essential
esfuerzo *m* force, effort
esfuerzo personal *m* personal effort
espacio *m* space
especialista *m* or *f* specialist
especializado specialized
especificar to specify
específico specific
estabilidad *f* stability
estable stable
establecer to establish
establecimiento *m* establishment
estadística *f* statistics
estado *m* state, statement
estado de cuenta *m* bank statement
estado de resultados *m* income statement (P&L)
estado financiero *m* financial statement
estándar standard
estandarización *f* standardization
estar dispuesto a to be willing to
estatal state
estereofónico stereophonic
estimular to stimulate
estímulo *m* stimulus
estrategia *f* strategy
estructura *f* structure
estructura de la familia *f* family structure
estructura política *f* political structure
estudio *m* study
etapa *f* stage
etapa de producción *f* production stage, production phase

eterno eternal
etiqueta *f* label
étnico ethnic
evaluación *f* evaluation
evaluar to evaluate
eventualidad *f* eventuality
evolución *f* evolution
examinar to examine
exigencia *f* requirement, demand
exigir to demand
existencia *f* existence
existencias *f pl* inventory, stock
existir to exist
éxito *m* success
expansión económica *f* economic expansion
experimentación *f* experimentation, experiment
experimentar to experiment, experience
experimento *m* experiment
explotación *f* exploitation
exportación *f* export, exportation
exterior exterior, overseas, foreign
externo external
extinción *f* extinction
extinguir to extinguish
extranjero foreign, foreign country
extremo *m* extreme

F

fábrica *f* factory
fabricación *f* manufacture
fabricante *m* manufacturer
fabricar to make, manufacture
facilidad *f* facility
facilidad de comunicar *f* communication skills
facilidades para el (de) crédito *f pl* credit plan
facilitar to facilitate
facsímil, facsímile *m* fax
factor *m* factor
factor riesgo *m* risk factor
factura *f* bill, invoice
facturar to bill
facturización *f* billing
falta *f* lack
familiar familiar
familiarizarse to familiarize

fascismo *f*   Fascism
fase *f*   phase
fase legal *f*   legal phase
federal   federal
ferrocarril *m*   railroad
fijación de los precios *f*   price fixing, price setting
fila de piquetes *f*   picket line
final   final
financiamiento *m*   financing
financiar   to finance
financiero   financial
finanzas *f pl*   finances
firmar   to sign
fiscal   fiscal
fisiológico   physiological
flete *m*   freight
flexible   flexible
fluctuación *f*   fluctuation
flujo de efectivo *m*   cash flow
fluvial   pertaining to a river
fondos *m pl*   funds
forma *f*   form
formación profesional *f*   professional training
formarse   to form
fórmula *f*   formula
fortuna *f*   fortune
fracasar   to fail
fracaso *m*   failure
fragmento *m*   fragment
frecuentar   to frequent
fuente *f*   source
fuente de datos *f*   data source
fuente de financiamiento *f*   source of financing
fuente de ingresos *f*   source of income
función *f*   function
funcionamiento *m*   functioning
funcionar   to work, function
fusión *f*   merger
futuro   future

G

gama *f*   gamut
ganancias *f pl*   profit
ganancias de capital *f pl*   capital gains
ganancias y pérdidas *f pl*   profit and loss
garantía *f*   guarantee

garantizar   to guarantee
gas *m*   gas
gastar   to spend
gastos *m pl*   expenses
gastos a pagar *m pl*   expenses to be paid
gastos pagados con anticipación *m pl*   prepaid expenses
género *m*   type, genre, kind
geográfico   geographical
gerente *m or f*   manager
gestión *f*   management
gobierno *m*   government
gratuito   gratuitous, free
grupo *m*   group
grupo minoritario *m*   minority group
gubernamental   governmental
gusto *m*   taste, like

H

habilidad *f*   ability
habitante *m or f*   inhabitant
hacer hincapié   to emphasize
hacer mejor negocio   to make a better deal
hacer(se) daño   to harm, injure, hurt
herramienta *f*   tool
historial *m*   dossier
hogar *m*   household, home
hogar infantil *m*   day-care center
hoja de balance *f*   balance sheet
hoja de ingreso *f*   deposit slip
hombre (mujer) de negocio *m or f*   business person
horas laborables *f pl*   working hours
huelga *f*   strike
huelga de brazos caídos *f*   sit-down strike
huelguista *m or f*   striker
huracán *m*   hurricane

I

idea *f*   idea
idéntico   identical
identificación *f*   identification
identificar   to identify
ideología *f*   ideology
idóneo   appropriate, suitable
igual   equal
ilegal   illegal
ilimitado   unlimited

imagen *f*   image
imagen de la marca *f*   brand image
implicar   to involve, imply
importación *f*   import, importation
importancia *f*   importance
impreciso   imprecise
impuestos *m pl*   taxes
incendio *m*   fire
incitar   to incite, stimulate
incontrolable   uncontrollable
inconveniente *m*   inconvenience
incrementar   to increase, raise
incremento *m*   increment, increase
incremento salarial *m*   salary increase,
    pay raise
incurrir   to incur
indemnizar   to indemnify
independiente   independent
indicar   to indicate
índice *m*   index
individual   individual
individuo *m*   individual
industria *f*   industry
industria de procesamiento *f*   processing
    industry
industria electrónica *f*   electronics
    industry
industria pesada *f*   heavy industry
industria petrolera *f*   petroleum industry
industrial   industrial
industrial *m* or *f*   industrialist
industrializado   industrialized
inferior   inferior
inflación *f*   inflation
influencia *f*   influence
influir   to influence
información *f*   information
información pertinente *f*   pertinent
    information
informar   to inform
informática *f*   computer science
informativo   informative
informe *m*   report, information
ingresar   to deposit
ingreso   income
ingresos *m pl*   earnings, revenue
inicial   initial
inicialmente   initially
iniciativa *f*   iniciative

inmediato   immediate
insignificante   insignificant
inspección *f*   inspection
instalar   to install
institucional   institutional
instrucciones *f pl*   instructions
insuficiencia *f*   insufficiency
insuficiente   insufficient
integración *f*   integration
intensificarse   to intensify
intenso   intense
interacción *f*   interaction
intercambio *m*   exchange
interdicto judicial *m*   court injunction
interés *m*   interest
interferir   to interfere
interior   interior
intermediario *m*   broker; middleman,
    intermediary
internacional   international
interno   internal
interpretación *f*   interpretation
interpretar   to interpret
interrogar   to interrogate, question
intervención *f*   intervention
intervenir   to intervene
introducción *f*   introduction
introducir   to introduce
invalidez *f*   disability
invención *f*   invention
inventario *m*   inventory
inversión *f*   investment
invertir   to invest
investigación *f*   research
investigador *m*   researcher
irracional   irrational

J

jefe *m*   head, boss
jerarquía *f*   hierarchy
junta directiva *f*   executive board, Board
    of Directors

L

lanzamiento *m*   launching (of a program,
    product, etc.)
lanzar   to launch
lector óptico *m*   optical scanner
legal   legal

legislación f   legislation
ley f   law
librador m   drawer (person)
libra esterlina f   pound sterling
libre mercado m   free market
libreta f   passbook
libro mayor m   ledger
limitado   limited
limitar   to limit
límite m   limit
línea f   line
liquidar   to liquidate
liquidez f   liquidity, fluidity
lista f   list
literatura f   literature
local   local
lock-out m   lockout

M

macroambiente m   macroenvironment
madurez f   maturity
magnate m or f   magnate
manejable   manageable
manejo m   management, handling
manera f   manner
manifestarse   to manifest itself
mano de obra f   manpower
mantener   to maintain
mantenimiento m   management
manual   manual
manufactura f   manufacture
manutención f   maintenance, living
    allowance
máquina f   machine
máquina de escribir f   typewriter
maquinaria f   machinery
marca f   brand, make
marca registrada f   trademark
marco social m   social setting
margen de beneficio m   profit margin
marítimo   maritime
marketing m   marketing
masivo   mass
material m   material
maternidad f   maternity
maximización de los beneficios f   profit
    maximization
maximizar   to maximize
máximo m   maximum

mayorista m or f   wholesaler
mecanismo m   mechanism
mecanización f   mechanization
medida del valor f   value yardstick,
    measurement
medio m   means, medium
medio ambiente m   environment
medio de cambio m   means of exchange
medios de comunicación m pl   media
    (communication)
medios de presión m pl   bargaining
    points, pressure tactics
medios publicitarios m pl   advertising
    media
mejorar   to improve
memoria f   memory
mensaje m   message
mensual   monthly
mercadeo m   marketing
mercader m   dealer, trader, shopkeeper,
    merchant
mercado m   market
mercado de consumo m   consumer
    market
mercado de divisas m pl   foreign
    currency market
Mercado de Valores m   Stock Market,
    Stock Exchange
mercancía f   merchandise, commodity
mercancía defectuosa f   defective
    merchandise
meta f   goal, objective
meta de la campaña f   campaign goal
método m   method
métrico   metric
microambiente m   microenvironment
minimizar   to minimize
minorista m or f   retailer
minoritario   of a minority
minusválido m   disabled person
mixto   mixed
modelo m or f   model
moderno   modern
modificación f   modification
modificar   to modify
modo de empleo m   instructions for use
modo de vida m   life-style
moneda f   coin, currency
monopolio m   monopoly

monto *m*   sum of money, total, amount
monto deducible *m*   deductible amount
moral   moral
motivación *f*   motivation
motivar   to motivate
movible   movable
movimiento *m*   movement
movimiento ecológico *m*   ecological movement
movimiento migratorio *m*   migratory movement
muerte *f*   death
muestra *f*   sample
muestro *m*   sampling
multinacional   multinational
mundo comercial *m*   business world
mutualidad *f*   mutual company

N

nacional   national
natural   natural
necesario   necessary
necesidad *f*   necessity
necesitar   to need, necessitate
negligencia *f*   negligence
negociador *m*   negotiator
negociar   to negotiate
negocio *m*   business
nivel *m*   level
nivel de educación *m*   education level
nivel de ingresos *m*   income level
número *m*   number
numeroso   numerous

O

objetivo *m*   objective
obligación *f*   bond; obligation
obligación jurídica *f*   legal liability
obligarse   to obligate oneself
obrero *m*   laborer
obrero no diestro *m*   unskilled laborer
observación *f*   observation
observar   to observe
obtener   to obtain
obvio   obvious
ocupación *f*   occupation, job
ocuparse de   to take charge of
ofender   to offend
oferta *f*   supply; offer

oferta especial *f*   special offer
oficina *f*   office
oído *m*   ear; hearing
olfato *m*   sense of smell
oligopolio *m*   oligopoly
opción *f*   option
operación *f*   operation
operar   to operate
ordenador *m*   computer
ordenamiento de operaciones *m*   operations sequence
organización *f*   organization
organización a base de productos *f*   organization by product
organización lineal *f*   line management
organización por funciones *f*   organization (division) by function
organización por regiones geográficas *f*   organization by territory
organización según la clientela *f*   organization by customer (client)
origen *m*   origin
origen étnico *m*   ethnic origin
original   original
originar   to originate
oro *m*   gold

P

pagar una multa   to pay a fine
pagaré *m*   promissory note
pago *m*   payment; pay
papel *m*   role
pareja profesional *f*   professional couple
paro de trabajo *m*   work stoppage
parte *f*   part, party
participante *m* or *f*   participant
participar   to participate
partido *m*   group, party, individual
pasivo exigible *m*   expenses to be paid, accounts payable
pasivos *m pl*   liabilities
patente *f*   patent
patrimonio *m*   stockholders' equity
patrono *m*   boss, employer
pautas *f pl*   guidelines
pedido *m*   order
penetración *f*   penetration
pensión *f*   pension
percepción *f*   perception

percibir   to perceive, realize
pérdida *m*   loss
pérdida de ingresos *f*   loss of income
pérdida de personal clave *f*   loss of key
   personnel
pérdida de propiedad *f*   property loss
pérdida de rentas (ingresos) *f*   loss of
   income
perfección *f*   perfection
periódicamente   periodically
período *m*   period
período contable *m*   accounting period
período de recesión *m*   period of
   recession
permanente   permanent
permiso *m*   permission; leave (vacation)
permitir   to permit
persona jurídica *f*   judiciary person, legal
   entity
personal   personal; personnel
personal clave *m*   key personnel
personal de ventas *m*   sales force
personalidad *f*   personality
pertinente   pertinent
peso *m*   weight
petróleo *m*   petroleum
petrolero   petroleum-related
pieza *f*   part
piquete *m* or *f*   picket
plaga *f*   plague, disease
plan de ejecución *m*   scheduling
planear   to plan
planificación *f*   planning
planificación de producción *f*   production
   planning
planificar   to plan
planta *f*   plant
planta física *f*   physical plant
plástico *m*   plastic
plata *f*   silver
pleito legal *m*   legal suit
pleno empleo *m*   full employment
poder *m*   power
poderoso   powerful
política *f*   policy; politics
político   political
póliza *f*   (insurance) policy
poner en práctica   to put into practice
porcentaje *m*   percent, percentage

porción *f*   portion
portador *m*   bearer, holder
poseedor *m*   owner, holder
posibilidad *f*   possibility
potencial   potential, prospective
práctica *f*   practice
prácticas de reclutamiento *f pl*   hiring
   practices
práctico   practical
precio *m*   price
precio aceptable *m*   acceptable price
precio de exclusión *m*   price skimming
precio de mercado *m*   what the market
   will bear
precio de penetración *m*   penetration
   pricing
precio de promoción *m*   promotion
   pricing
precio sicológico *m*   psychological
   pricing, odd pricing
precisar   to specify
precisión *f*   precision
predecir   to predict
predicción *f*   prediction
preferencia *f*   preference
preparación *f*   preparation
presentación *f*   presentation
presentar   to present
presidente *m* or *f*   president
presión *f*   pressure
presionar a un cliente   to pressure a client
presiones exteriores *f pl*   outside pressure
préstamo *m*   loan
prestigio *m*   prestige
presupuesto *m*   budget
prever   to foresee, anticipate
previsión *f*   foresight, forecast
prima *f*   premium (insurance)
principio *m*   principle
prioridad *f*   priority
privado   private
pro   for, pro
probabilidad *f*   probability
problema *m*   problem
procedimiento *m*   process, procedure
procesamiento *m*   processing
producción *f*   production
producción en serie *f*   mass production
producir   to produce

productividad *f*   productivity
productivo   productive
producto *m*   product
producto genérico *m*   generic product
producto nacional bruto *m*   gross national product (GNP)
producto terminado *m*   finished product
productos agrícolas *m pl*   farm products
profundizar   to study in depth, delve into
programa de investigación *m*   research project
programación *f*   programming
programación computerizada *f*   computerized programming
progreso *m*   progress
prohibir   to prohibit
promoción *f*   promotion
promoción de ventas *f*   sales promotion
promocional   promotional
propaganda *f*   advertising
propiedad individual *f*   private ownership
propiedad privada *f*   private property
propietario *m*   owner
proporción *f*   proportion
proporcionar   to allocate, supply, make available
propósito *m*   purpose
protección *f*   protection
protección de empleo *f*   job security
protección del medio ambiente *f*   environmental protection
proveer   to provide
provisional   provisional, temporary
proyectar   to project
prueba al azar *f*   random testing
publicar   to publish
publicidad *f*   advertising
publicidad gratuita *f*   free advertising, free publicity
publicista *m* or *f*   advertiser, publicist
público *m*   public
puesto *m*   job, position
puesto de trabajo *m*   work station
punto de venta *m*   point of purchase
puro   pure

Q
quehaceres domésticos *m pl*   household chores

quemar   to burn
quiebra *f*   bankruptcy
químico   chemical

R
radio *m* or *f*   radio
radiodifusión *f*   broadcast
rama *f*   branch, area
rápido   rapid
raqueta *f*   racket
razón *f*   ratio; reason
razón de liquidez *f*   liquidity ratio
razón de rentabilidad *f*   profit(ability) ratio
razonable   reasonable
razón política *f*   political reason
reacción *f*   reaction
reaccionar   to react
realizar   to realize, fulfill
rebajar   to reduce, lower, to mark down
recaudar   to collect; to obtain
receptor *m*   receiver
recesión *f*   recession
reciente   recent
recíprocamente   reciprocally
recíproco   reciprocal
reclutamiento *m*   recruitment, hiring
reclutar   to recruit
recoger   to gather, collect
recomendación *f*   recommendation
recomendar   to recommend
rectificar   to rectify, correct
recuperar ventas   to regain sales
recurrir a   to resort to
recurso *m*   resource; recourse
red *f*   network
redacción *f*   wording, editing
redactar   to edit
reducción *f*   reduction
reducido   reduced
reducir   to reduce
reembolso *m*   money back, refund
reemplazar   to replace
región *f*   region
región (zona) industrial *f*   industrial area
registrar   to register, post, enter
registro *m*   registry, entry, posting
reglamentación *f*   regulation
reglamentar   to regulate

reglamentario   regulatory
reglamento *m*   regulation
reglamento gubernamental *m*
   government regulation
regular   regular
regular   to regulate
relacionado   related
relaciones humanas *f pl*   human relations,
   personnel relations
relaciones públicas *f pl*   public relations
religión *f*   religion
religioso   religious
remuneración *f*   pay, remuneration
rendimiento *m*   yield, output
rendir   to return, produce
rendir cuentas   to be accountable
rendir un beneficio   to yield (return) a
   profit
renta *f*   income
renta bruta *f*   gross income
renta neta *f*   net income
rentabilidad *f*   profitability
rentable   profitable
rentas *f pl*   profits, income
reparación *f*   repair
repartir   to allot, distribute, deliver
repetición *f*   repetition
representante *m or f*   sales rep;
   representative
representar   to represent
requerir   to require
requisito *m*   requirement
residente *m or f*   resident
resolver   to resolve
respetar   to respect
responsabilidad *f*   responsibility
resultado *m*   result
resultar   to result
resumir   to resume; to conclude; to
   review; to condense
retener   to retain
retirar   to withdraw
revalorización *f*   reevaluation
revender   to resell
reventa *f*   resale
Revolución Industrial *f*   Industrial
   Revolution
revuelo *m*   upheaval
riesgo *m*   risk

riesgo de explotación *m*   speculative risk
riesgo financiero *m*   financial risk
riesgo imprevisible *m*   unforeseeable risk
riesgo puro *m*   pure risk
robo *m*   theft
robot *m*   robot
rueda de prensa *f*   press conference
rural   rural

S

sabotaje *m*   sabotage
sacar a (la) luz   to bring to light
salarial   salary
salario *m*   salary
saldo *m*   balance
saldo corriente *m*   current balance
satisfacción *f*   satisfaction
satisfacción o reembolso   satisfaction or
   your money back
satisfacción total *f*   complete satisfaction
satisfacer   to satisfy
sector *m*   sector
sector privado *m*   private sector
segmentación *f*   segmentation
segmentar   to segment
segmento *m*   segment
seguimiento y control *m*   follow-up and
   control
seguro contra incendio *m*   fire insurance
seguro de responsabilidad civil *m*
   liability insurance
Seguro Social *m*   Social Security
seguros *m pl*   insurance
seguros de auto contra todo riesgo *m pl*
   full-coverage auto insurance
seguros de vida *m pl*   life insurance
seguros médicos *m pl*   medical insurance
seleccionar   to select, choose
selectivo   selective
sentido de organización *m*
   organizational ability
serie *f*   series
servicio *m*   department; service
servicio (departamento) contable *m*
   accounting department
servicio (departamento) de compras *m*
   purchasing department
servicio (departamento) de contabilidad
   m   accounting department

servicio de estudios de mercado *m*
market research department
**servicio (departamento) de pago de
sueldos** *m* payroll department
**servicio (departamento) de personal
(recursos humanos)** *m* personnel
department
servicio (departamento) de ventas *m*
sales department
servicio de posventa *m* customer service;
sales follow-up, follow-up service
servicios *m pl* services
sexo *m* sex
sicológico psychological
símbolo *m* symbol
simplificar to simplify
sindicato *m* union
sindicato por oficio (gremio) *m* trade
union
síntoma *m* symptom
sistema *m* system
sistema contable de doble partida *m*
double-entry accounting system
sistema estándar *m* standard system
sistema de extinción automático *m* fire
extinguishing system, sprinkler system
sistema métrico *m* metric system
sistema político *m* political system
situación *f* situation
sobrante *m* surplus
sobrestimar to overestimate
social social
socialismo *m* socialism
sociedad *f* society
sociedad anónima *f* corporation
socio *m* partner
socioeconómico socioeconomic
sociológico sociological
sofisticado sophisticated
soltar(se) to release
solución *f* solution
sondeo de opinión *m* opinion poll
sonido *m* sound
sonido estereofónico *m* stereophonic
sound
soporte *m* support
subconsciente subconscious
subestimar to underestimate
subir to increase, go up; to mark up

subliminal subliminal
subordinado *m* subordinate
subsidiario *m* subsidiary
subsistencia *f* subsistence
suburbio *m* suburb
sucursal *f* branch (office)
sueldo *m* salary
suficiente sufficient
sumar to add up
superficie *f* surface
superior superior
supervivencia *f* survival
suprimirse to cut back, stop, cancel,
curtail
sustancia *f* substance

T

táctica *f* tactic
tacto *m* sense of touch
tachar to tarnish
taller cerrado *m* closed shop
talonario *m* checkbook
tamaño *m* size
tangible tangible
tarea *f* task, job
tarea específica *f* specific task, job
tasa de cambio *f* exchange rate
tasa de desempleo *f* unemployment rate
tasa de devolución *f* rate of return
(merchandise, response, etc.)
tasa de inflación *f* inflation rate
tasa de natalidad *f* birth rate
tasa de rendimiento *f* rate of return
(financial)
teclado *m* keyboard
técnicas de venta *f pl* sales techniques
tecnología *f* technology
tecnológico technological
teléfono *m* telephone
televisión *f* television
télex *m* telex
tendencia migratoria *f* migratory
tendency
tener al corriente to keep informed,
up-to-date
teoría *f* theory
tercero *m* third party
término *m* term
testimonio *m* testimony

tienda *f*   store
tienda de rebajas *f*   discount store,
  bargain outlet
tipo *m*   type
tipo de cambio *m*   exchange rate
tipo de material *m*   type of material
titular *m*   bearer, holder
título *m*   bond
título académico *m*   academic degree
títulos (negociables) *m pl*   securities,
  negotiable instruments
toma de decisiones *f*   decision making
tomar una decisión   to make a decision
tornado *m*   tornado
torno de entrada *m*   turnstile
total   total
tóxico   toxic
trabajador *m*   worker
trabajo de cadena de montaje *m*
  assembly-line work
transacción *f*   transaction
transferencia *f*   transfer
transferir   to transfer
transformarse   to transform
transición *f*   transition
transportar   to transport
transporte *m*   transportation
trimestralmente   quarterly
trimestre *m*   quarter (of a year)
trueco, trueque *m*   trade, barter
turno diurno *m*   day shift
turno nocturno *m*   night shift

U
unidad *f*   unity; unit
unirse   to unite
urbano   urban
uso personal *m*   personal use

V
valerse de   to make use of
válido   valid
valor *m*   value
valor de cambio *m*   exchange value
valores (mobiliarios) *m pl*   stocks and
  bonds, securities
valores negociables   negotiable
  instruments
variable *f*   variable
variable controlable *f*   controllable
  variable
variable incontrolable *f*   uncontrollable
  variable
variedad *f*   variety
vejez *f*   old age
vencer   to come due
vendedor *m*   seller; sales rep, salesperson
venta *f*   sale
ventas a domicilio *f pl*   door-to-door sales
ventas por catálogo *f pl*   catalogue sales
ventas por correo *f pl*   mail order sales
verse en peligro   to be in danger
versión *f*   version
vías *f pl*   ways, channels
vías de comunicación *f pl*   avenues of
  communication
víctima *f*   victim
vigilancia *f*   vigilance
vigilar   to watch closely
vínculo *m*   tie, link
vista *f*   sight
vitalidad *f*   vitality
votante *m or f*   voter

Z
zona *f*   zone
zona industrial *f*   industrial area

ENGLISH-SPANISH VOCABULARY

A

ability   la habilidad
abuse   el abuso
academic degree   el título académico
accept   aceptar
acceptable   aceptable
acceptable price   el precio aceptable
accident   el accidente
accord   el acuerdo
account   la cuenta
accountant   el (la) contable
accounting   la contabilidad
accounting department   el departamento de contabilidad, el servicio contable
accounting period   el período contable
accounts payable   las cuentas por pagar, el pasivo exigible
accounts receivable   las cuentas por cobrar
accumulate   acumular
accusation   la denuncia
action   la acción
activity   la actividad
actuary   el actuario
ad   el anuncio
adapt   adaptar
add   añadir
add on   añadir
add up   sumar
adequate   adecuado
adjustment   el ajuste
administer   administrar
administration   la administración
administrative   administrativo
administrative assistant   el asistente administrativo, el adjunto administrativo
administrative costs   los costos administrativos
administrator   el administrador, el director

admired   admirado
advance   el avance
advance   avanzar
advertisement   el anuncio, el anuncio publicitario
advertiser   el (la) publicista
advertising   la propaganda, la publicidad
advertising campaign   la campaña publicitaria
advertising department   el departamento de publicidad
advertising media   los medios publicitarios
advertising schedule   el calendario publicitario
advise   aconsejar
affect   afectar
affected   afectado
affirmative   afirmativo
Affirmative Action   la Acción Afirmativa
against   en contra
age   la edad
agent   el (la) agente
agreement   la concordancia, el acuerdo
agricultural   agrícola
Agricultural Exchange   la Bolsa Agropecuaria
air   el aire
allergy   la alergia
alleviate   aliviar
allocate   dedicar, proporcionar
allot   repartir
alter   alterar
alternative   la alternativa
amortization   la amortización
amortize   amortizar
analysis   el análisis
analyze   analizar
antecedent   el antecedente
anticipate   anticipar, prever

anticipation   la anticipación
anxiety   la ansiedad
appearance   la apariencia
apply   aplicarse
appreciable   apreciable
appropriate   apropiado, idóneo
approximate   aproximado
approximate   aproximarse
arbitration   el arbitrio
area   el área; la rama
article   el artículo
asfixiate   asfixiar
assembly line   la cadena de montaje
assembly-line work   el trabajo de cadena de montaje
assets   los activos
associate   asociar
at any cost   cueste (costara) lo que cueste (costara)
attitude   la actitud
attractive   atractivo
authoritarian   autoritario
authority   la autoridad
automatic   automático
automation   la automatización
avenues of communication   las vías de comunicación

B

balance   el equilibrio; el saldo, el balance
balance   equilibrar
balance of payments   el balance de pagos
balance of trade   el balance comercial
balance sheet   la hoja de balance, el balance
bank   el banco, la banca
bank statement   el estado de cuenta
banking   la banca
banking system   la banca
banknote   el billete
bankruptcy   la quiebra
bargain outlet   la tienda de rebajas
bargaining points   los medios de presión
base f   base
basic   básico
be accountable   rendir cuentas
be based   basarse
be composed of   componerse de
be destined   destinarse

be disposed to   estar dispuesto a
be in danger   verse en peligro
be insured   asegurarse
be quoted   cotizarse
bearer   el portador, el titular
behavior   el comportamiento
beneficiary   el beneficiario
benefit   el beneficio
benefit   beneficiar
bill   el billete; la factura
billing   la facturización
birth rate   la tasa de natalidad
Board of Directors   la junta directiva
boat   el barco
bond   la obligación, el bono, el título
boss   el patrono, el jefe
boycott   el boicoteo
branch   la rama
branch office   la sucursal
brand   la marca
brand image   la imagen de la marca
bring about   efectuar(se)
bring to light   sacar a (la) luz
bring together   concertar, reunir
broadcast   la radiodifusión, la emisión
broker   el intermediario, el corredor
budget   el presupuesto
burn   quemar
bury   enterrar
business   el comercio, el negocio, la empresa
business enterprise   la empresa comercial
business firm   la empresa comercial
business world   el mundo comercial
business person   el hombre de negocios, la mujer de negocios
buyer   el comprador

C

calculable   calculable
calculate   calcular
calculation   el cálculo
calm   calmar
campaign   la campaña
campaign goal   la meta de la campaña
cancel   cancelar, suprimirse
capital   el capital
capital gains   las ganancias de capital
capitalism   el capitalismo

capture the market   capturar el mercado
carry out   efectuar(se), cumplir con
carry with it   conllevar
cash   el dinero en efectivo, el efectivo
cash   cobrar
cash flow   el flujo de efectivo
catalogue sales   las ventas por catálogo
catastrophe   la catástrofe
catastrophic   catastrófico
category   la categoría
cause   causar
cause and effect   causa y efecto
centralized   centralizado
certified   certificado
chain   la cadena
chain of command   la cadena de mando
chain of supermarkets   la cadena de supermercados
change   el cambio
channel   el canal
characteristic   la característica
characterize   caracterizarse
check   el cheque
check written to "cash," to the bearer
   el cheque al portador
checkbook   el talonario, la chequera
checking account   la cuenta corriente
chemical   químico
choose   seleccionar, escoger
chrysanthemum   el crisantemo
circle   el círculo
clash   el choque
classify   clasificar
clause   la cláusula
client   el (la) cliente
clientele   la clientela
climatological   climatológico
closed shop   el taller cerrado
closing   el cierre
club   el club
coin   la moneda
collaborate   colaborar
collaboration   la colaboración
collect   recaudar, recoger, cobrar
collection   la colección
collective bargaining   el convenio colectivo
color   el color
combination   la combinación

come before   anteceder
come due   vencer
come into play   entrar en juego
commercial   comercial
commercial bank   el banco comercial
commission   la comisión
committee   el comité
Commodities Exchange   la Bolsa de Comercio
common stock   la acción común
communicate   comunicar
communication   la comunicación
communication skills   la facilidad de comunicar
company   la compañía
compare   comparar
compensate   compensar
compete   competir
competence   la competencia
competition   la competencia
competitive   competitivo
competitiveness   la competividad
competitor   el competidor
complete   completar
complete satisfaction   la satisfacción total
complex   complejo
complexity   la complejidad
complicate   complicarse
complicated   complicado
comply with   cumplir con
composition   la composición
comprise   comprender
computer   la computadora, el ordenador
computer science   la informática
computerized   computadorizado, computerizado
computerized programming   la programación computadorizada
conceive   concebir
concentrate   concentrarse
concentration   la concentración
concept   el concepto
concern   la empresa
conclude   resumir, terminar, concluir
condense   resumir
condition   la condición
conflict   el conflicto
confront   confrontarse
confuse   confundir

confused confuso
congress el congreso
connection la conexión
conserve conservar
consider considerar
consist of consistir en
constantly constantemente
consume consumir
consumer el consumidor
consumer market el mercado de
  consumo
consumerism el consumerismo
consumers' rights los derechos del
  consumidor
contest el concurso
contract el contrato
contribution la cuota, la contribución
control el control
control controlar
controllable controlable
controllable variable la variable
  controlable
controlling el control
controversy la controversia
convention el congreso
conversion la conversión
convert convertirse
convince convencer
coordinate coordinar
corporate corporativo
corporation la sociedad anónima, la
  corporación
correspond corresponder
corruption la corrupción
cost el costo
cost-plus pricing los costos
court injunction el interdicto judicial
cover cubrir
CPA el (la) contable público certificado,
  el contador público titulado
create crear
creation la creación
creative creativo
credit el crédito
credit plan las facilidades para el (de)
  crédito, las facilidades de pago
creditor el acreedor
crisis la crisis
cultural cultural

culture la cultura
currency la moneda
current assets los activos circulantes
  (corrientes)
current balance el saldo corriente
curtail suprimirse
curva la curva
custom la costumbre
customer service el servicio de
  posventa
cut back suprimirse

D
daily cotidiano, diario
daily ledger el diario
damage dañar
damaged dañado
data los datos
data source la fuente de datos
day-care center el hogar infantil
day shift el turno diurno
dealer el mercader, el comerciante
death la muerte
debt la deuda
debtor el deudor
decent decente
decide decidir
decision la decisión
decision making la toma de decisiones
declare declarar
decline el declive, la baja
decrease la disminución
decrease bajar, disminuir
dedicate oneself dedicarse
deduct deducir
deductible deducible
deductible amount el monto deducible
defect el defecto
defective defectuoso
defective merchandise la mercancía
  defectuosa
deficit el déficit
define definir
defined definido
definition la definición
delegate delegar
delivery la entrega, el reparto
demand la demanda, la exigencia
demand exigir

demographic   demográfico
demographic distribution   la distribución demográfica
department   el departamento, el servicio
depend   depender
deposit   el depósito, el ingreso
deposit   ingresar, depositar
deposit slip   la hoja de ingreso
depreciate   depreciar
depreciation   la depreciación
derived   derivado
design   diseñar
determination   la determinación
determine   determinar
develop   desarrollar
developing   en vías de desarrollo
devour   devorar
diagram   el diagrama
differentiate   diferenciar
differentiation   la diferenciación
difficulty   la dificultad
dilemma   el dilema
diminution   la disminución
diminish   disminuir
direct   dirigir
direction   la dirección
directions for use   el modo de empleo
director   el director
director of marketing   el director de marketing
disability   la invalidez
disabled person   el minusválido, el impedido
discount   el descuento
discount coupon   el cupón de reducción, el cupón de descuento
discount store   la tienda de rebaja
discourage   desanimar
discrimination   la discriminación
discrimination pricing   la discriminación de precios
dispatching   el despacho
dispose of   deshacerse de
dispute   la disputa
distinguish   distinguir
distribute   distribuir, repartir
distribution   la distribución, el reparto
distribution channel   el canal de distribución

distribution cost   el costo de distribución
distributor   el distribuidor
divide   dividir
dividend   el dividendo
divisible   divisible
division   la división
document   el documento
domestic trade   el comercio interior
dominate   dominar
door-to-door sales   las ventas a domicilio
door-to-door survey   la encuesta a domicilio
dossier   el historial
double-entry accounting system   el sistema contable de doble partida
drawer (person)   el librador
dump   derramar
duty   los aranceles

E

ear   el oído
earnings   los ingresos, la renta
ecological movement   el movimiento ecológico
ecology   la ecología
economic   económico
economic crisis   la crisis económica
economic expansion   la expansión económica
economic growth   el crecimiento económico
economy   la economía
edit   redactar
education level   el nivel de educación
effect   el efecto
efficiency   la eficiencia
efficient   eficaz
effort   el esfuerzo
elaborate   elaborar
elect   elegir
election   la elección
electronic   electrónico
electronics industry   la industria electrónica
element   el elemento
eliminate   eliminar
emblem   el emblema
emission   la emisión
emphasize   enfatizar, hacer hincapié

employee el empleado
employer el patrono
employment el empleo
endorse endosar
enormous enorme
enter registrar, entrar
enterprise la empresa
entry el registro, la entrada
environment el medio ambiente, el ámbito
environmental protection la protección del medio ambiente
equal igual
equation la ecuación
equilibrium el balance, el equilibrio
ergonomics la ergonomía
essential esencial
establish establecer
establishment el establecimiento
eternal eterno
ethnic étnico
ethnic origin el origen étnico
evaluate evaluar
evaluation la evaluación
eventuality la eventualidad
evolution la evolución
examine examinar
exchange la bolsa; el cambio, el intercambio
exchange cambiar
exchange rate la tasa de cambio, el tipo de cambio
exchange value el valor de cambio
excise taxes los aranceles
excite entusiasmar
executive board la junta directiva
executive director el director ejecutivo
exercise ejercer
exist existir
existence la existencia
expenses los gastos, los egresos
expenditures los egresos
expenses to be paid los gastos a pagar, el pasivo exigible
experiment la experimentación, el experimento
experiment experimentar
experimentation la experimentación
expertise la destreza

exploitation la explotación
export la exportación
exportation la exportación
exterior exterior
external externo
extinction la extinción
extinguish extinguir
extreme el extremo

F

face (of a check) el anverso
facilitate facilitar
facility la facilidad
factor el factor
factory la fábrica
fail fracasar
failure el fracaso
familiar familiar
familiarize familiarizarse
family structure la estructura de la familia
farm products los productos agrícolas
favorable working conditions las condiciones decentes de trabajo
fax el facsímil, el facsímile
federal federal
finance financiar
finances las finanzas
financial financiero
financial accounting la contabilidad financiera
financial activities las actividades financieras
financial risk el riesgo financiero
financial statement el estado financiero
financing el financiamiento
find out averiguar
finished product el producto terminado
fire el incendio
fire despedir
fire insurance el seguro contra incendio
firm la empresa
fiscal fiscal
fixed assets los activos fijos
flexible flexible
fluctuation la fluctuación
fluidity la liquidez
follow-up and control el seguimiento y el control

follow-up service   el servicio de posventa
for   pro
force   el esfuerzo
forecast   la previsión, el pronóstico
foreign   extranjero
foreign business (trade)   el comercio
  exterior
foreign currencies   las divisas
foreign currency market   el mercado de
  divisas
foresee   prever
foresight   la previsión
form   la forma
form   formarse
formula   la fórmula
fortune   la fortuna
fragment   el fragmento
free   gratuito, gratis
free advertising   la publicidad gratuita
free market   el libre mercado
free-market economy   la economía de
  libre mercado
free publicity   la publicidad gratuita
freight   el flete
frequent   frecuentar
frequently   con frecuencia
fulfill   realizar
full-coverage auto insurance   los seguros
  de auto contra todo riesgo
full employment   el pleno empleo
function   la función
function   funcionar
functioning   el funcionamiento
funds   los fondos
future   futuro
future growth   el crecimiento futuro

G

gamut   la gama
gas   el gas
gas emissions   las emisiones de gas
gather   recoger
general management   la dirección
  general
generic product   el producto genérico
geographical   geográfico
get rid of   deshacerse de
giant corporation   la corporación gigante
go down   bajar

go up   subir, ascender
goal   la meta
gold   el oro
goods   los bienes
government   el gobierno
government regulation   el reglamento
  gubernamental
governmental   gubernamental
grab (get) the attention   captar la
  atención
graphic arts   las artes gráficas
gratuitous   gratuito
gross income   la renta bruta
gross national product (GNP)   el
  producto nacional bruto, el PNB
group   el partido, el grupo
growth   el crecimiento
guarantee   la garantía
guarantee   garantizar
guidelines   las pautas

H

handling   el manejo
harm   el daño
harm   hacer(se) daño
head   el jefe
hearing   el oído
heavy industry   la industria pesada
hidden camera   la cámara oculta
hierarchy   la jerarquía
highway   la carretera
hiring   el reclutamiento
hiring practices   las prácticas de
  reclutamiento
holder   el portador, el poseedor, el titular
home   el hogar
homemaker   el ama de casa *f*
household   el hogar
household chores   los quehaceres
  domésticos
human relations   las relaciones humanas
humor   el humor
hurricane   el huracán
hurt   hacer(se) daño

I

idea   la idea
identical   idéntico
identification   la identificación

identify   identificar
ideology   la ideología
illegal   ilegal
illness   la enfermedad
image   la imagen
immediate   inmediato
imply   implicar
import   la importación
importance   la importancia
importation   la importación
imprecise   impreciso
improve   mejorar
in favor of   pro, a favor de
incite   incitar
include   comprender
income   el ingreso, la renta
income level   el nivel de ingresos
income statement (profit and loss statement)   el estado de resultados
inconvenience   el inconveniente
increase   el incremento, el aumento, el alza *f*
increase   incrementar, aumentar, subir, ascender
increment   el incremento
incur   incurrir
indemnify   indemnizar
independent   independiente
index   el índice
indicate   indicar
individual   individual
individual   el individuo
industrial   industrial
industrial area   la región (la zona) industrial
industrial revolution   la revolución industrial
industrial wastes   los desechos industriales
industrialist   el (la) industrial
industrialized   industrializado
industry   la industria
inferior   inferior
inflation   la inflación
inflation rate   la tasa de inflación
influence   la influencia
influence   influir
inform   informar
information   la información, el informe

informative   informativo
inhabitant   el (la) habitante
initial   inicial
initially   inicialmente
initiative   la iniciativa
injure   hacer(se) daño
insignificant   insignificante
inspection   la inspección
install   instalar
institutional   institucional
instructions   las instrucciones, el modo de empleo
insufficiency   la insuficiencia
insufficient   insuficiente
insurance   los seguros
insurance company   la compañía de seguros
insurance policy   la póliza (de seguros)
insure oneself   asegurarse
insured   el asegurado
insurer   el asegurador
intangible assets   los activos intangibles
integration   la integración
intense   intenso
intensify   intensificar(se)
interaction   la interacción
interest   el interés
interfere   interferir
interior   interior
internal   interno
international trade   el comercio internacional
interpret   interpretar
interpretation   la interpretación
interrogate   interrogar
intervene   intervenir
intervention   la intervención
interview   la entrevista
introduce   introducir
introduction   la introducción
invention   la invención
inventory   el inventario, las existencias
inventory control   el control de inventario
invest   invertir
investment   la inversión
invoice   la factura
involve   implicar
irrational   irracional
isolate   aislar

isolation   el aislamiento
issuance   la emisión
issuance of bonds or obligations   la emisión de obligaciones
issue   la cuestión
issue   emitir

J

job   la tarea, el puesto, la ocupación
job security   la protección de empleo
journal   el diario
judiciary person   la persona jurídica

K

keep informed (up-to-date)   tener al corriente
key   clave
key personnel   el personal clave
keyboard   el teclado

L

label   la etiqueta
laborer   el obrero
lack   la falta
large company   la empresa grande
large load   la carga grande
launch   lanzar
launching   el lanzamiento
law   la ley
ledger   el libro mayor
legal   legal
legal liability   la obligación jurídica
legal phase   la fase legal
legal suit   el pleito
legal tender   el dinero de curso legal
legislation   la legislación
let go (fire)   despedir
level   el nivel
liabilities   los pasivos
liability insurance   el seguro de responsabilidad civil
life insurance   los seguros de vida
life-style   el modo de vida
lighting   el alumbrado
limit   el límite
limit   limitar
limited   limitado
line   la línea
line organization   la autoridad de mando

line management   la organización lineal
link   el vínculo
liquidate   liquidar
liquidity   la liquidez
liquidity ratio   la razón de liquidez
list   la lista
literature   la literatura
load   la carga
loan   el préstamo
local   local
lockout   el lock-out
long-term   a largo plazo
loss   la pérdida
loss of income   la pérdida de rentas (ingresos)
loss of key personnel   la pérdida de personal clave
lower   rebajar, disminuir
luxurious   de lujo

M

machine   la máquina
machinery   la maquinaria
macroenvironment   el macroambiente
magnate   el (la) magnate
mail order sales   las ventas por correo
maintain   mantener
maintenance   el mantenimiento
make   la marca
make   fabricar, manufacturar
make a better deal   hacer mejor negocio
make a decision   tomar una decisión
make a deposit   depositar, ingresar
make use of   valerse de
mall   el centro comercial
manage   dirigir, administrar
manageable   manejable
management   la administración, la dirección, la gestión, el manejo
management accounting   la contabilidad administrativa
management by objectives   la dirección por objetivos
management by staff   la dirección por estado mayor
manager   el administrador, el director, el gerente
managing   la administración, la dirección
manifest itself   manifestarse

manner la manera
manpower la mano de obra
manual manual
manufacture la fabricación, la manufactura
manufacture manufacturar, fabricar
manufacturer el fabricante
manufacturing concern la empresa de manufactura
manufacturing cost el costo de producción
manufacturing (production) department el departamento (servicio) de manufactura (producción)
maritime marítimo
mark down rebajar
mark up subir
market el mercado
marketing el marketing; el mercadeo, la comercialización, la mercadotécnica
marketing firm la empresa comercial
marketing mix el marketing mix
marketing promotion la comunicación de marketing
market research department el servicio de estudios de mercado
mass masivo
mass communication la comunicación masiva
mass production la producción en serie
material el material
materials management el control de materiales
maternity la maternidad
matrix management la administración por consejo
maturity la madurez
maximize maximizar
maximum el máximo
means el medio
means of exchange el medio de cambio
measurement la medida
mechanism el mecanismo
mechanization la mecanización
media (communication) los medios de comunicación
medical care el cuidado médico
medical insurance los seguros médicos
memory la memoria

merchandise la mercancía, la mercadería
merchant el (la) mercader, el (la) commerciante
merger la fusión
message el mensaje
method el método
metric métrico
metric system el sistema métrico
microenvironment el microambiente
middleman el intermediario
migratory movement el movimiento migratorio
migratory tendency la tendencia migratoria
minimize minimizar
minority minoritario
minority group el grupo minoritario
mixed mixto
model el modelo
modern moderno
modification la modificación
modify modificar
money el dinero
money back el reembolso
monopoly el monopolio
monthly mensual, mensualmente
moral moral
motivate motivar
motivation la motivación
movable movible
movement el movimiento
multinational multinacional
multiple múltiple
mutual company la mutualidad

N
national nacional
national economy la economía nacional
natural natural
natural disaster la catástrofe natural
necessary necesario
necessitate necesitar
necessity la necesidad
need necesitar
negligence la negligencia
negotiable instruments los títulos (negociables), los valores negociables
negotiate negociar
negotiator el negociador

net income   la renta neta
network   la cadena de emisoras, la red
night shift   el turno nocturno
nonprofit   de (con) fines sin lucro (no lucrativos)
number   el número
numerous   numeroso

O

objective   el objetivo, la meta
obligate   obligarse
obligation   la obligación
observation   la observación
observe   observar
obtain   recaudar, obtener
obvious   obvio
occupation   la ocupación
odd pricing   el precio sicológico
offend   ofender
office   la oficina
old age   la vejez
oligopoly   el oligopolio
on a large scale   en gran escala
on the downside   en baja
on the upside   en alza
open an account   abrir una cuenta
opening deposit   el depósito inicial
operate   operar
operation   la operación
operations sequence   el ordenamiento de operaciones
opinion poll   el sondeo de opinión
option   la opción
order   el pedido
organization   la organización
organization by customer (client)   la organización según la clientela
organization (division) by function   la organización por funciones
organization by product   la organización a base de productos
organization by territory   la organización por regiones geográficas
organizational ability   el sentido de organización
origin   el origen
original   original
originate   originar
out of work   desempleado

output   el rendimiento
outside pressure   las presiones exteriores
overdrawn account   la cuenta en (al) descubierto
overestimate   sobrestimar
owner   el propietario, el poseedor, el dueño

P

packaging   el embalaje, la envoltura
paper money   el dinero-papel
parent company   la compañía matriz
part   la parte
participant   el (la) participante
participate   participar
partner   el socio
partnership   la asociación, la empresa colectiva
parts   las piezas
party   el partido
passbook   la libreta
patent   la patente
pay   la remuneración, el pago
pay a fine   pagar una multa
pay raise   el incremento salarial
payee   el beneficiario
payment   el pago, la cuota
payroll department   el servicio (departamento) de pago de sueldos
penetration   la penetración
penetration pricing   el precio de penetración
pension   la pensión
perceive   percibir
percent   el por ciento
percentage   el porcentaje
perception   la percepción
perfection   la perfección
period   el período
period of recession   el período de recesión
periodically   periódicamente
permanent   permanente
permission   el permiso
permit   permitir
person   la persona
personal   personal
personal attention   la atención personal
personal effort   el esfuerzo personal

personal use   el uso personal
personality   la personalidad
personnel department   el servicio de personal (recursos humanos)
pertinent   pertinente
pertinent information   la información pertinente
petroleum   el petróleo
petroleum industry   la industria petrolera
phase   la fase
physical plant   la planta física
physiological   fisiológico
picket   el piquete
picket line   la fila de piquetes
plague   la plaga
plan   planificar, planear
planning   la planificación
plant   la planta
plastic   el plástico
pocket   el bolsillo
point of purchase   el punto de venta
policy   la política, la póliza
political   político
political reason   la razón política
political structure   la estructura política
political system   el sistema político
pollster   el encuestador
pollute   contaminar
polluted air   el aire contaminado
portion   la porción
position   el puesto
possibility   la posibilidad
post   registrar
posting   el registro
potential   potencial
potential client   el (la) cliente potencial
pound sterling   la libra esterlina
pour   derramar
power   el poder
powerful   poderoso
practical   práctico
practical consideration   la consideración práctica
practice   la práctica
practice   ejercer
Precious Metals Exchange   la Bolsa de Metales Preciosos
precision   la precisión
predict   predecir

prediction   la predicción
preference   la preferencia
preferred stock   la acción preferencial
premium   la prima
prepaid expenses   los gastos pagados con anticipación
preparation   la preparación
present   presentar
presentation   la presentación
president   el presidente
press conference   la rueda de prensa
pressure   la presión
pressure a client   presionar a un cliente
pressure tactics   los medios de presión
prestige   el prestigio
price   el precio
price fixing   la fijación de los precios
price lining   la alineación del precio
price setting   la fijación (el establecimiento, la determinación) de los precios
price skimming   el precio de exclusión
principle   el principio
priority   la prioridad
private   privado
private accountant   el (la) contable privado (independiente)
private ownership   la propiedad individual
private property   la propiedad privada
private sector   el sector privado
probability   la probabilidad
problem   el problema
procedure   el procedimiento
process   el procedimiento, el procesamiento
processing industry   la industria de procesamiento
produce   producir
product   el producto
product life cycle   el ciclo de vida del producto
production   la producción
production capacity   la capacidad productiva (de producción)
production control   el control de producción
production costs   los costos de producción

production management   la administración de producción

production planning   la planificación de producción

production stage (phase)   la etapa de producción

production stoppage   el cese de producción

productive   productivo

productivity   la productividad

professional couple   la pareja profesional

professional training   la formación profesional

profit   el beneficio, las ganancias, las rentas

profit and loss   las ganancias y pérdidas

profit and loss statement (P&L)   el estado de resultados

profit from   beneficiar

profit margin   el margen de beneficio

profit maximazation   la maximización de los beneficios

profitability   la rentabilidad

profitability ratio   la razón de rentabilidad

profitable   rentable

profit-making   de (con) fines de lucro

programming   la programación

progress   el progreso

prohibit   prohibir

project   proyectar

promissory note   el pagaré

promotion   la promoción, el ascenso

promotion pricing   el precio de promoción

promotional   promocional

promotional campaign   la campaña promocional

property loss   la pérdida de propiedad

proportion   la proporción

prospective customer   el (la) cliente potencial

protection   la protección

provide   proveer, proporcionar

provisional   provisional

psychological   sicológico

psychological pricing   el precio sicológico

public   el público

public accountant   el (la) contable público, el contador público

public relations   las relaciones públicas

public relations department   el departamento de relaciones públicas

publicist   el (la) publicista

publish   publicar

purchasing department   el servicio de compras

pure   puro

pure risk   el riesgo puro

purpose   el propósito

put aside   apartar

put into practice   poner en práctica

Q

quality   la calidad

quality assurance   el aseguramiento de calidad

quality control   el control de calidad

quantity   la cantidad

quarter (of a year)   el trimestre

quarterly   trimestralmente

question   la cuestión

questionnaire   el cuestionario

quota   la cuota

quote   la cotización

R

racket   la raqueta

radio   la radio

railroad   el ferrocarril

raise   incrementar, aumentar, subir

random testing   la prueba al azar

rapid   rápido

rate of exchange   la tasa (el tipo) de cambio

rate of return (financial)   la tasa de rendimiento; **(response, merchandise, etc.)**   la tasa de devolución

ratio   la razón

react   reaccionar

reaction   la reacción

ready-made   hecho en serie

realize   realizar

reasonable   razonable

receiver   el receptor

recent   reciente

recession   la recesión

reciprocal   recíproco
reciprocally   recíprocamente
recommend   recomendar
recommendation   la recomendación
reconcile   concertar, conciliar, reconciliar
recourse   el recurso
recruit   reclutar
recruitment   el reclutamiento
rectify   rectificar
reduce   rebajar, reducir, disminuir
reduced   reducido
reduction   la reducción, la disminución
reevaluation   la revalorización
refund   el reembolso
regain sales   recuperar ventas
region   la región
register   registrar
registry   el registro
regular   regular
regulate   reglamentar, regular
regulation   la reglamentación, el
   reglamento
regulatory   reglamentario
related   relacionado
release   soltar(se)
religion   la religión
religious   religioso
repair   la reparación
repetition   la repetición
replace   reemplazar
replenish   abastecer
report   el informe
represent   representar
representative   el (la) representante
require   requerir
requirement   el requisito, la exigencia
resale   la reventa
research   la investigación
research project   el programa de
   investigación
researcher   el investigador
resell   revender
resident   el (la) residente
resolve   resolver, solucionar
resort to   recurrir a
resource   el recurso
respect   respetar
responsibility   la responsabilidad
result   el resultado

result   resultar
resume   resumir
retail   al detal, al por menor
retailer   el (la) detallista, el (la) minorista
retain   retener
return   el rendimiento, la devolución
return   rendir
revenue   los ingresos
review   resumir
right   el derecho
risk   el riesgo
risk factor   el factor riesgo
river (pertaining to)   fluvial
robot   el robot
role   el papel
routing   el encaminamiento
rural   rural

S

salaried employee   el asalariado
salary   salarial
salary   el sueldo, el salario
salary increase   el incremento salarial
sale   la venta
sales department   el servicio
   (departamento) de ventas
sales firm   la empresa comercial
sales follow-up   el servicio de posventa
sales force   el personal de ventas
salesperson   el vendedor
sales promotion   la promoción de ventas
sales rep   el (la) representante, el
   vendedor
sales techniques   las técnicas de venta
sample   la muestra
sampling   el muestro
satisfaction   la satisfacción
satisfaction or your money back
   satisfacción o reembolso
satisfy   satisfacer
savings account   la cuenta de ahorros
savings bank   la caja de ahorros
scale   la escala
scandal   el escándalo
scanner   el lector óptico
scheduling   el plan de ejecución
scientific   científico
scruples   los escrúpulos
sector   el sector

securities   los valores (mobiliarios), los
   títulos (negociables)
segment   el segmento
segment   segmentar
segmentation   la segmentación
select   seleccionar
selective   selectivo
seller   el vendedor
sender   el emisor
senior citizens   los (las) envejecientes
series   la serie
service   el servicio
service enterprise   la empresa de
   servicios
services   los servicios
set a price   determinar un precio
set-up costs   los costos de instalación
sex   el sexo
sexual harassment   el acoso sexual
share   compartir
share of stock   la acción
shareholder   el (la) accionista
shift   el turno
ship   el barco, el buque
shipping department   el departamento de
   reparto (de expedición, de entrega)
shopkeeper   el mercader, el comerciante
shopping center   el centro comercial
short-term   a corto plazo
shutdown   el cierre
sight   la vista
sign   firmar
silver   la plata
simplify   simplificar
sit-down strike   la huelga de brazos
   caídos
situation   la situación
size   el tamaño
skill   la destreza
small business   el comercio pequeño
smell (sense of)   el olfato
social   social
social class   la clase social
Social Security   el Seguro Social
social setting   el marco social
socialism   el socialismo
society   la sociedad
socioeconomic   socioeconómico
sociological   sociológico

solution   la solución
sophisticated   sofisticado
sound   el sonido
source   la fuente
source of financing   la fuente de
   financiamiento
source of income   la fuente de ingresos
space   el espacio
special offer   la oferta especial
specialist   el (la) especialista
specialized   especializado
specific   específico
specific task (job)   la tarea específica
specify   especificar, precisar
speculative risk   el riesgo de explotación
spend   gastar
stability   la estabilidad
stable   estable
staff organization   la administración por
   consejo
stage   la etapa
standard   estándar
standardization   la estandarización
state   estatal
state   el estado
statistics   la estadística
stereophonic   estereofónico
stereophonic sound   el sonido
   estereofónico
stimulate   incitar, estimular
stimulus   el estímulo
stock   las existencias, el inventario
stock   almacenar
Stock Exchange   la Bolsa (de Valores), el
   Mercado de Valores
Stock Market   la Bolsa (de Valores), el
   Mercado de Valores
stockholder   el (la) accionista
stockholders' equity   el capital , el capital
   patrimonial, el patrimonio
stocks and bonds   los valores
   (mobiliarios)
stop   suprimirse, parar
stoppage   el cese, el paro
store   la tienda
store   almacenar
strategy   la estrategia
strike   la huelga
striker   el (la) huelguista

structure   la estructura
study   el estudio
study in depth   profundizar
subconscious   subconsciente
subliminal   subliminal
subordinate   el subordinado
subsidiary   el subsidiario
subsistence   la subsistencia
substance   la sustancia
suburb   el suburbio
success   el éxito
sufficient   suficiente
suit (legal)   la denuncia, el pleito
suit   convenir
suitable   idóneo
sum   el monto
superior   superior
supply   la oferta
support   el soporte
surface   la superficie
surplus   el sobrante, el superávit
survey   la encuesta
surveyor   el encuestador
survival   la supervivencia
symbol   el símbolo
symptom   el síntoma
system   el sistema

T

tactic   la táctica
take a risk   arriesgarse
take charge of   ocuparse de, encargarse de
tangible   tangible
tangible assets   los activos tangibles
tanker (oil)   el buque petrolero
tarnish   tachar
task   la tarea
taste   el gusto
taxes   los impuestos
technical know-how and skills   la competencia técnica
technological   tecnológico
technological advance   el avance tecnológico
technology   la tecnología
telephone   el teléfono
television   la televisión
telex   el télex
term   el término

testimony   el testimonio
theft   el robo
theory   la teoría
third party   el tercero
tie   el vínculo
time management   la administración de tiempo
to the order of   a favor de
tool   la herramienta
tornado   el tornado
total   total
total (money)   el monto
touch (sense of)   el tacto
toxic   tóxico
toxic wastes   los desechos tóxicos
trade   el trueco, el trueque, el comercio
trade union   el sindicato por oficio (gremio)
trademark   la marca registrada
trader   el mercader
transaction   la transacción
transfer   la transferencia
transfer   transferir
transform   transformarse
transition   la transición
transport   transportar
transportation   el transporte
trend analysis   el análisis de tendencias
truck   el camión
turnstile   el torno de entrada
type   el tipo, el género
type of material   el tipo de material
typewriter   la máquina de escribir

U

uncontrollable   incontrolable
uncontrollable variable   la variable incontrolable
underestimate   subestimar
undertake   emprender
unemployed   desempleado
unemployment   el desempleo
unemployment rate   la tasa de desempleo
unforeseeable risk   el riesgo imprevisible
union   el sindicato, la unión
unit   la unidad
unite   unirse
unity   la unidad
unlimited   ilimitado

unskilled laborer   el obrero no diestro
upheaval   el revuelo

V

valid   válido
value   el valor
value yardstick   la medida del valor
variable   la variable
variety   la variedad
version   la versión
victim   la víctima
vigilance   la vigilancia
vitality   la vitalidad
vote   el voto
voter   el (la) votante

W

warehouse   el almacén, el depósito
warehouse   almacenar
warehousing   el almacenaje
wastes   los desechos
watch closely   vigilar
ways   las vías
weight   el peso

what the market will bear   el precio de mercado
wholesale   al por mayor
wholesaler   el mayorista
withdraw   retirar
word (edit)   redactar
wording   la redacción
work   funcionar
work station   el puesto de trabajo
work stoppage   el paro (de trabajo), el cese de trabajo
worker   el trabajador
work(ing) conditions   las condiciones de trabajo
working hours   las horas laborables
work-related accident   el accidente de trabajo
write a check   escribir un cheque

Y

yield   el rendimiento

Z

zone   la zona

INDEX